Un camino gozoso

Un camino gozoso

Mi vida en comunidad

Emmy Arnold

Prólogo de Harold Segura Carmona
Traducción de Claudia Amengual

Plough

Publicado por Plough Publishing House
Walden, Nueva York
Robertsbridge, Inglaterra
Elsmore, Australia
www.plough.com

Este libro fue originalmente publicado en 1964
bajo el título *Torches Together*. Reimpresiones en 1971 y 1976.
Primera edición en español © 2024, Plough Publishing House.

Las fotos que aparecen en este libro
pertenecen al Archivo Histórico del Bruderhof.

Imagen de la cubierta: Wassily Kandinsky, *Paisaje con casa verde*, 1909.
Dominio público.

28 27 26 25 24   1 2 3 4 5

ISBN: 978-1-63608-099-4

Si no se señala al contrario, las citas bíblicas provienen de la versión Reina Valera
Actualizada de 2015 (RVR-2015). Copyright © 2015 por la Editorial Mundo Hispano.

Un registro de este libro está disponible en el catálogo de la Biblioteca Británica.
Datos de catalogación en publicación en la Biblioteca del Congreso.

Library of Congress Cataloging-in-Publication Data

Names: Arnold, Emmy, author. | Arnold, Emmy. Torches together.
Title: Un camino gozoso : mi vida en comunidad / Emmy Arnold, Cofundadora
  del Bruderhof ; prólogo de Harold Segura Carmona.
Other titles: Joyful pilgrimage. Spanish
Description: First Spanish edition. | Walden, New York : Plough Publishing
  House, [2024] | Translation of: A joyful pilgrimage. | Summary: "The
  memoirs of Emmy Arnold, co-founder of the Bruderhof, a Christian
  communal movement"-- Provided by publisher.
Identifiers: LCCN 2023040210 (print) | LCCN 2023040211 (ebook) | ISBN
  9781636080994 (trade paperback) | ISBN 9781636081298 (adobe pdf)
Subjects: LCSH: Bruderhof Communities--History. | Arnold, Eberhard,
  1883-1935. | Arnold, Emmy.
Classification: LCC BX8129.B64 A818 2024 (print) | LCC BX8129.B64 (ebook)
  | DDC 289.7092 [B]--dc23/eng/20231122
LC record available at https://lccn.loc.gov/2023040210
LC ebook record available at https://lccn.loc.gov/2023040211

Índice

Nota del editor

Resultaba natural que, por ser el único miembro fundador del Bruderhof aún con vida después de la Segunda Guerra Mundial, un día se le pidiera a Emmy Arnold que escribiera su historia. Ya andaba por sus setenta cuando comenzó el proyecto, pero los detalles de su relato permanecían tan vivos para ella como si hubieran sucedido el día anterior.

El texto original de *Un camino gozoso,* escrito a mano en alemán, surgió a partir de las notas de autora, algunas de ellas tomadas en épocas tan lejanas como la década de los treinta. Al llegar los sesenta había varios volúmenes con esas notas. «No quiero que esos hechos y esas personas sean olvidados», solía decir. En 1964 fue preparado, traducido y publicado un manuscrito de extensión considerable bajo el título *Torches Together* («Antorchas juntos»)[1].

Además de las revisiones y las correcciones relacionadas con algunos hechos, nuevos detalles y anécdotas han sido incorporados a la presente edición. Aunque algunos son el resultado de una investigación reciente, la mayoría proviene del diario inédito de la autora y de otros documentos personales.

Por tratarse de un libro que registra las dificultades y las alegrías de vivir de una manera nueva en una era nueva, corresponde que esta edición de las memorias de Emmy Arnold esté disponible para un número más amplio de lectores. Ni la nostalgia ni un anhelo sensiblero de tiempos pasados la motivaron. En lugar de eso, fue impulsada por su visión de una sociedad futura construida sobre la justicia y el amor, así como por su deseo expectante de la venida del reino.

---

1 N. de la T.: La presente traducción ha sido hecha a partir del texto en inglés traducido de la versión original en alemán. Solo a efectos ilustrativos, los títulos de aquellas obras literarias de las cuales no se haya encontrado una versión al español aparecen en la presente traducción en su versión original y, a continuación, traducidos al español entre paréntesis. Asimismo, los títulos de las canciones de las cuales no se haya encontrado una versión al español aparecen directamente traducidos al español.

Prólogo

Al escribir este prólogo siento algo del temor reverencial que sintió Moisés, cuando el ángel del Señor se le apareció para invitarlo a formar parte de su proyecto liberador y le ordenó que se quitara las sandalias de sus pies porque estaba pisando terreno sagrado (Ex. 3:5). Tener en mis manos *Un camino gozoso: mi vida en comunidad* de Emmy Arnold (1884–1980) me hace sentir en un territorio sagrado de la literatura cristiana de inicios del siglo xx. Tras el libro está la autora, tras ella, el movimiento Bruderhof —el que fundó junto con su esposo Eberhard Arnold, después de la Primera Guerra Mundial— y tras estos veo la obra del Dios vivo.

Ese trasfondo de fe revolucionaria y alternativa respalda el texto que ahora, ¡por fin y para alegría nuestra!, se ha publicado en el idioma de Cervantes. Es un libro inspirador que llega en un momento de grandes cambios y retos para las comunidades de fe hispanohablantes, ya sea en América Latina, el Caribe, España o el vasto mundo de las personas latinas en los Estados Unidos. En el caso de los países latinoamericanos, con una historia católica de más de cinco siglos, y en el caso evangélico, con más de un siglo de peregrinaje de fe, nos ha llegado el momento de mirar hacia atrás para poder seguir adelante. El libro de Emmy Arnold es un recurso infaltable para esa trasformación cristiana que nos aguarda en estos próximos años.

Ella y su esposo, influenciados por el Movimiento de la Juventud Alemana y el anabautismo del siglo xvi (de este último proviene mi mayor inspiración como seguidor de Jesús), fundaron la comunidad cristiana Bruderhof. Esta, con el paso de algunos años, llegó a ser un movimiento caracterizado, como lo fue el cristianismo radical del siglo xvi, por su compromiso infatigable a favor de la paz, la conformación de comunidades de vida (no solo congregaciones, sino comunidades), la resistencia política ante las arbitrariedades de los poderes de turno y el testimonio de discipulado valiente y audaz, hasta subversivo. De esa raíz radical del evangelio surge el fruto de *Un camino gozoso: mi vida en comunidad*. Es un testimonio que surge de la vivencia comunitaria y de lo que esa experiencia puede entregarnos hoy para vivir nuestra fe personal y comunitaria.

Emmy nos conduce, trecho a trecho, por su peregrinaje espiritual, como bien lo explica el editor, con textos que provienen de su diario inédito y otros documentos personales. ¿Son sus memorias? ¿Diarios testimoniales? ¿Textos pastorales para quienes desean atreverse a vivir de una manera diferente? Es todo esto y más. Podría aquí compararlo con otros textos similares, como la autobiografía de Ignacio de Loyola (s. XVI), las cartas del Hermano Lorenzo (s. XVII) o la autobiografía de John Bunyan, el líder puritano bautista (s. XVII), pero mejor no entrar en las comparaciones —siempre arriesgadas— y dejar este texto espiritual en la exclusividad de su estilo y en la riqueza de su legado.

Soy el primero en agradecer a la casa editorial Plough Publishing House por esta publicación, de la que ahora podemos disponer en castellano. Es un regalo y una bendición para las iglesias, las personas cristianas y todas aquellas interesadas en descubrir el significado de seguir a Jesús en comunidad, de cara a la realidad social y de espaldas a los poderes, que con todas sus fuerzas intentan frenar ese intento. Es, en mi opinión, una memoria espiritual para ser apreciada, celebrada y meditada con la pasión de quienes, en estas tierras, queremos dar testimonio de Jesús y de la urgencia de su evangelio.

En medio de las fracturas de nuestro mundo, se necesitan voces como las de *Un camino gozoso: mi vida en comunidad,* que nos iluminen con la fuerza del testimonio para arrojarnos luz sobre las densas tinieblas de la injusticia, la violencia, el odio y la exclusión. El texto es un llamado a actuar, a abandonar los viejos y trillados senderos de las divisiones para abrirnos paso hacia una vida plena y significativa en Jesús, el maestro de Nazaret. Para vivir la vida en comunidad que él vivió, servir con la ternura que él lo hizo y anunciar el amor que nos redime.

Volvamos a la experiencia de Moisés. Después de quitarse sus sandalias, se cubrió su rostro, "porque tuvo miedo de mirar a Dios"

(Ex. 3:6). En mi caso, he terminado de leer el libro con asombro reverente al saber lo que el Señor puede hacer con personas que, tal como lo hizo Emmy Arnold, se quitan sus sandalias y se atreven a vivir la fe en medio de nuestro mundo, tan caótico como necesitado de personas que asuman el discipulado con la radicalidad del Maestro.

Harold Segura Carmona
Director del Departamento de Fe y Desarrollo
de World Vision de América Latina
Colombia-Costa Rica
abril de 2023

Los orígenes

Dado que se me pidió que escribiera la historia de mi vida, quiero contar un poquito de todo lo que recuerdo. En especial, quiero contar acerca de los primeros años de las comunidades del Bruderhof (ya que soy una de las pocas personas que aún los recuerdan) y de cómo fuimos visitados e inspirados por el Espíritu a pesar de nuestras debilidades y nuestros errores humanos. Realmente no sé por dónde empezar, pero debido a que mi historia personal de algún modo es parte de todo ello, comenzaré por ahí.

Mi esposo, Eberhard, y yo provenimos de círculos académicos de clase media alta. Los dos disfrutamos de una infancia protegida y no tuvimos mucho contacto con personas de otras clases. Aunque ambos siempre sentimos que teníamos una gran deuda de gratitud con nuestros padres, también sentimos que debíamos seguir nuestro propio camino. Por alguna razón, no sentíamos que nuestra vida estuviera completa. Anhelábamos una vida más plena y significativa, y no podíamos evitar un cierto aburrimiento.

Eberhard nació el 26 de julio de 1883, en Königsberg, Prusia Oriental. En esa época, su padre, Carl Franklin Arnold (nacido en Williamsfield, Ohio, el 10 de marzo de 1853), daba clases en la escuela secundaria de Königsberg. La madre de Eberhard, Elisabeth Arnold (de soltera, Voigt), provenía de círculos académicos tradicionales. Había nacido el 20 de setiembre de 1852, en Oldemburgo, Alemania. Eberhard era el tercer hijo. Tenía un hermano y tres hermanas. Cuando aún era un niño pequeño, su padre fue nombrado profesor de Teología e Historia Eclesiástica en la Universidad de Breslavia, Silesia.

Según me contaron, Eberhard fue un niño vivaz y travieso que solía causar muchos problemas, especialmente a sus maestros quienes, al igual que los padres de sus compañeros de clase, no siempre estaban

Eberhard Arnold a los catorce años de edad.

conformes con la influencia que ejercía en los otros alumnos. Ya en aquella época se sentía atraído por los pobres y los vagabundos. Esas personas le parecían mucho más naturales y cálidas que aquellas pertenecientes a la clase media. Era algo difícil de comprender para sus padres y trajo una serie de conflictos. Una vez, por citar un caso, Eberhard entabló amistad con un vagabundo que pasaba por el lugar. Antes de separarse intercambiaron gorras y, poco después, ¡su madre descubrió que Eberhard tenía piojos!

A los dieciséis, Eberhard no se sentía satisfecho con el exceso de formalidad de su vida hogareña. Ese verano pasó sus vacaciones en la rectoría de uno de sus tíos, Ernst Ferdinand Klein, en Lichtenrade, cerca de Berlín. En ese lugar conoció una clase de cristianismo que jamás había vivido antes.

Debido a una experiencia personal de Cristo en su anterior parroquia en Silesia, donde había muchos tejedores que recibían una paga muy baja, *Onkel* Ernst había tomado la decisión de apoyar a los pobres. Esto le había acarreado una buena dosis de hostilidad por parte de los parroquianos más ricos y se había visto obligado a renunciar a su pastorado.

Una vez, Eberhard presenció una conversación que su tío mantuvo con un joven oficial del Ejército de Salvación. Escuchó lo que decían con gran interés. El modo fraternal en que aquellos dos hombres conversaban y el amor a Cristo que vio en ambos avivaron en el joven de dieciséis años un profundo anhelo de encontrar por sí mismo la fuente de ese amor.

Al regresar a casa después de esas vacaciones, Eberhard comenzó a poner más ahínco en encontrar a Cristo. Tiempo después me contó cómo en octubre de 1899, luego de una prolongada lucha interior, un día había visitado a un joven pastor tras haberlo escuchado hablar.

Cuando Eberhard le preguntó acerca del Espíritu Santo, el pastor dijo: «Es ese mismo Espíritu el que te ha traído aquí». De ese modo Eberhard experimentó la conversión.

Eberhard se mostró conmovido al contarme acerca de esa etapa de su vida. Fue en esa misma época que el Movimiento de Fraternidad (que había tenido su origen en Inglaterra y en Estados Unidos) se estaba expandiendo en Alemania, Suiza y otros países. Los miembros de ese movimiento sentían que Cristo era más que el Hijo de Dios: era su Redentor. Pero iba incluso más allá. Las personas se reunían en los hogares particulares y formaban grupos y hermandades donde juntas celebraban el culto. Algo había empezado a moverse. Inmediatamente después de su propia conversión, Eberhard intentó establecer contacto con esos grupos.

El primer paso fue hablar con sus padres y maestros, en un esfuerzo por aclarar las cosas. Lamentablemente, ni lo entendieron ni le creyeron. ¡Un maestro incluso creyó que Eberhard estaba haciéndose el gracioso y lo echó del salón por bromista! Pero poco a poco las personas empezaron a aceptar el hecho de que estaba hablando en serio. Sus compañeros de clase pronto comenzaron a reunirse en torno a él y así se formó un pequeño grupo. Como resultado, la habitación de Eberhard rara vez estaba vacía y le resultaba difícil dedicarse a sus tareas curriculares.

La situación empeoró cuando Eberhard comenzó a relacionarse con el Ejército de Salvación. Con frecuencia asistía a sus reuniones, atraído por sus intentos de poner el cristianismo en acción y su preocupación por la mala situación de los oprimidos. Por las noches también visitaba, junto con sus miembros, algunas de las áreas más difíciles de Breslavia. Eberhard lo hacía, según me contó más tarde, porque se sentía llamado a salvar a aquellos que estaban perdidos y a llegar a las personas más desesperadas del «decil sumergido», como solía llamarlos el viejo general del Ejército de Salvación, William Booth.

Como era de esperar, los acontecimientos produjeron gran preocupación en el hogar de los Arnold, especialmente cuando los padres de Eberhard descubrieron que por toda la ciudad había unos carteles donde se leía: «¡Atención! ¡Esta noche, el misionero Eberhard Arnold hablará ante una gran concurrencia!». Los alumnos de las escuelas secundarias tenían prohibido por ley hablar en público, y aquel desdén de Eberhard por la ley no hizo más que agravar la ya tensa relación con sus padres. Ya entonces (como sucedería varias veces más tarde), el padre de Eberhard temía que lo obligaran a abandonar su cátedra en la universidad por causa de aquel hijo tan maleducado que estaba destruyendo su buena reputación.

Las autoridades de la secundaria no demoraron en dar por terminadas las apariciones públicas de Eberhard, y sus padres, aprovechando una oportunidad para que cambiara de ambiente, lo enviaron a un pequeño pueblo llamado Jauer para que continuara allí sus estudios. Se esperaba que durante su estadía en Jauer, Eberhard preparara sus exámenes finales, sin ser molestado por tantas interrupciones. Sin embargo, incluso allí, un pequeño grupo se congregó en torno a él para llevar adelante estudios bíblicos regulares. A pesar de todo, Eberhard logró graduarse. Muchos años después, incluso luego de su muerte, conocí a personas que aún recordaban esa etapa juvenil de Eberhard. Así de grande era su fervor hacia Jesús. Muchos decían que durante aquellos años habían recibido una guía interior para toda la vida.

Por un tiempo, Eberhard se preguntó si debía unirse al Ejército de Salvación. Un verano, mientras estaba de vacaciones en el Mar del Norte, batalló con esa pregunta como nunca. Su amor hacia aquellos que estaban «perdidos» y eran tratados injustamente —aquellos por quienes Cristo había venido— lo atraía hacia el Ejército de Salvación. Aun así, cada vez se daba más cuenta de que dicho movimiento proponía un abordaje de la realidad desde una perspectiva religiosa demasiado parcial, y que carecía de una cierta profundidad en el modo de afrontar los diversos problemas sociales que se le presentaban.

Fue entonces cuando Eberhard decidió no unirse al Ejército de Salvación, a pesar de que siempre mantuvo hacia sus miembros un sentimiento especial de amor y amistad. Ya al final de su vida continuaba asistiendo a sus reuniones cuando le era posible e incluso tomaba la palabra de vez en cuando.

Quisiera ahora contar acerca de mi niñez y mi juventud. Nací el 25 de diciembre de 1884, en Riga, Letonia. Fui la segunda de los siete hijos —cinco niñas y dos varones— de Heinrich y Monika (de soltera, Otto) von Hollander. Recuerdo muy poco de la primera etapa de mi infancia, porque solo tenía cinco años cuando abandonamos nuestra patria. La presencia rusa en la ciudad iba en constante aumento y, como muchas otras familias alemanas del Báltico, emigramos hacia Alemania para escapar de aquella influencia. Nuestros padres querían que creciéramos como alemanes. No volví a ver Riga nunca más. En la primavera de 1890 partimos rumbo a Jena para establecernos allí.

No sé si se debe a que nací un 25 de diciembre, pero la Navidad —cuando el Niño Jesús nació para salvar a la humanidad— siempre fue algo celestial para mí. A medida que fui creciendo, el significado de esa época especial empezó a conmoverme hasta lo más profundo de mi corazón y a influir en mí de una manera poderosa.

Mi mejor compañera de juegos y camarada de toda la vida fue mi hermana Else, apenas once meses y medio más pequeña que yo, con quien compartía todo. Hasta el final de su vida nos llevamos bien. Cuando niñas, hicimos muchas travesuras juntas. Yo siempre lideraba, y Else se sumaba con entusiasmo.

Me cuentan que era una niñita salvaje: ningún árbol era demasiado alto para que yo lo trepara y no dejaba pasar ningún tren sin intentar mantener el paso corriendo a su lado. Era demasiado inquieta y salvaje para el gusto de mi madre, quien a menudo decía: «¡Deberías haber sido niño!» Cuanto más repetía esto, más reservada me volvía yo hacia ella.

Cuando, en la primavera de 1891, ingresé a la escuela, mi interés en aprender era escaso. Mi maestra era la estricta Fräulen Ludewig, más interesada en estudiantes modelo que en un marimacho como yo. En la escuela no podía quedarme quieta. Apenas podía esperar el recreo o el final de la clase para volver a mis juegos y a inventar nuevas travesuras. Pero, a pesar de aquel comportamiento salvaje e inadecuado, algo distinto —quizá una urgencia por encontrar a Dios— comenzó a crecer dentro de mí. Cuando mi hermano pequeño murió súbitamente a sus nueve meses, reflexioné acerca de adónde habrían ido él y los otros muertos. Y, cuando levanté los ojos hacia las estrellas, me pregunté si estaría en alguna de ellas.

Else (*izquierda*) y Emmy (*derecha*) von Hollander en Riga, ca. 1890. Fueron inseparables en su niñez y mantuvieron una estrecha amistad hasta la muerte de Else en 1932.

Luego de mudarnos a Alemania, mi padre volvió a dar todos los exámenes para doctorarse en Derecho. Esperaba ser aceptado para una cátedra en la Universidad de Jena. Lamentablemente, eso no sucedió, así que no mudamos a Weimar, donde mi padre había recibido una propuesta del Gran Duque de Sajonia-Weimar para ocupar el puesto de defensor público.

Todo era elegante y acartonado en la Sophienstift, la escuela a la que asistía en Weimar. Las familias aristocráticas se relacionaban entre ellas y menospreciaban a los alumnos de clase media con quienes no se mezclaban. Constituían una verdadera casta. En general, mis hermanas y yo nos juntábamos con esas niñas —eso se esperaba de nosotras—, aunque hubiéramos preferido correr a través de los campos y jugar en el bosque como solíamos hacer en Jena.

Vivimos en Weimar solo durante un año y medio, pero en ese tiempo experimenté la muerte de varias personas que conocía personalmente y eso dejó una impresión duradera en mí.

En los servicios dominicales para niños a los que asistía, el mensaje del evangelio llegaba hasta el fondo de mi corazón. Ya entonces me prometí que no viviría para mí misma, sino para Dios y mi prójimo. Tendría unos once años en aquel momento. Mi madre en particular, así como otras personas, no comprendían mi «rareza»: mis momentos de búsqueda de una verdad religiosa, por un lado y, por el otro, mi tendencia a ser rebelde y despreocupada.

No pasó mucho antes de que mi padre mostrara su disconformidad con su puesto. Después de pasar el verano de 1897 en Bad Berka, en octubre nos mudamos a Halle, sobre el río Saale. Al principio, estaba entre los revoltosos, pero a través de mi amistad con una niña de mi edad, Lisa Franke, experimenté un renovado anhelo de Dios y de Cristo. Jamás hablé de esto con nadie excepto Lisa —tenía apenas trece años—, pero, como ella compartía mi fe infantil y viva, desde el comienzo nos sentimos próximas. Dos cosas me atrajeron hacia Lisa: en primer lugar, ambas aborrecíamos el flirteo tan común entre nuestros compañeros de clase y ni siquiera leíamos historias de amor. En segundo lugar, las dos estábamos determinadas en la búsqueda de una verdadera vida cristiana. Estábamos de acuerdo en que las dos queríamos permanecer célibes, volvernos diaconisas y cuidar a los enfermos, cuando fuéramos mayores: sin duda, era la mejor forma de servir a Dios y al prójimo.

Pronto comencé a asistir sola a la iglesia y a reuniones religiosas, y llevaba a casa libros tales como aquellos escritos por y sobre Zinzendorf, así como el libro de Otto Funcke *Fußspuren des lebendigen Gottes auf meinem Lebenswege* («Huellas del Dios vivo en el camino de mi vida») y el de Thomas de Kempis, *La imitación de Cristo*. Durante varios años Lisa y yo asistimos a los servicios para niños que conducían el pastor Meinhof y el pastor Freybe. La determinación de este último de llevar una vida cristiana me impresionó profundamente.

Cuando jóvenes, Lisa Franke (*izquierda*) y Emmy (*derecha*) decidieron entregar sus vidas al servicio de Dios entre los pobres.

En 1901 mis días escolares llegaron a su fin, y comencé a tomar parte de forma más activa en la vida eclesiástica de Halle. También leía más y estaba especialmente interesada en Zinzendorf (1700–1760), el conde moravo, y en la fundación de Herrnhut, su comunidad cristiana.

Un buen amigo de aquella época fue el pastor Hans Busch, con quien a menudo visitaba a los ancianos y a los enfermos de nuestra parroquia. Eran hogares pobres y olían muy mal; las condiciones eran a veces tan malas que apenas podía ingresar en ellos. Pero una y otra vez recobraba la compostura; sentía que el amor debía sobreponerse a mis emociones.

Mientras tanto, la vida en casa se había vuelto más difícil. Mi padre no se sentía feliz en Halle, probablemente porque no estaba progresando en su carrera, como había esperado. Yo no comprendía todas aquellas tensiones.

En la Pascua de 1902, cuando andaba por mis diecisiete, tomé un trabajo de media jornada en la casa de la diaconisa. Debido a mi edad, no se me permitía dormir allí, sino que debía vivir en mi casa con mis padres. Al principio, solo trabajaba unos días a la semana, aliviando las tareas de otras enfermeras, pero pronto me ofrecieron un trabajo de jornada completa en el pabellón infantil, donde fui testigo de mucho sufrimiento.

Cuando, en 1903, Margarethe, mi hermana menor que entonces tenía catorce años, murió en ese pabellón como resultado de una apendicitis, de nuevo decidí que debía buscar un propósito más profundo para mi vida. No podía soportar la idea de quedarme en casa con mis hermanas, ser solo una hija más en una familia más de clase media. Pero luego de la muerte de Margarethe, mis padres me pidieron que regresara a casa; querían tener alrededor a los cinco hijos que les quedaban. Por esos días la nueva jefa de enfermería en la casa de la diaconisa me estaba causando problemas en el trabajo, así que acepté hacer una pausa, al menos por un tiempo.

Al llegar mayo me fui a vivir con la familia del pastor Freybe, quien había perdido a su hijo de siete años y me había pedido que fuera a vivir con ellos. Jamás olvidaré esos meses en la casa parroquial. Mi estadía allí se caracterizó por discusiones acerca de cómo dedicar mejor la vida a Cristo. Visitaba a los enfermos y a los ancianos de la parroquia, hacía turnos nocturnos y cuidaba a muchos niños pequeños. Poco antes de Navidad, regresé a casa.

A mis veinte (en junio de 1905), habiendo alcanzado la edad requerida, comencé a trabajar como enfermera practicante en la casa de la diaconisa en Halle. Al principio, trabajé en el pabellón femenino. Los turnos eran largos y el trabajo, duro; no existían las jornadas de ocho horas. La vida en la diaconía se parecía mucho a la vida en un convento. Asistíamos a numerosos servicios religiosos, y aprendí acerca de la esencia de la vida. «¿Qué quiero? Quiero servir. ¿A quién deseo servir? Al señor, en su pueblo pobre y necesitado. ¿Y si envejezco haciendo esto? Entonces mi corazón crecerá como una palmera. ¿Y si muero haciendo esto? La reina Ester dijo: "Si perezco, que perezca", y ella no conocía a Aquel por cuya causa uno puede morir».

Todo eso me provocaba gran alegría. Luego de varias semanas, me entregaron el vestido y la cofia de diaconisa practicante, y hubo una celebración para las auxiliares de enfermería recién graduadas. Una vez más se nos recalcaba cuán serio era convertirse en diaconisa.

Lamentablemente, poco después caí enferma. Mi padre pidió que se me concediera una licencia de cuatro semanas, pero se la denegaron: el pastor de la casa de la diaconisa dijo que las empleadas podían ser cuidadas allí mismo por las otras enfermeras. Pero mi padre se mantuvo firme. ¿Qué debía hacer yo? Finalmente, decidí volver a casa.

En febrero de 1906, luego de varias semanas de convalecencia, comencé a trabajar en el hospital de distrito en Salzwedel, donde cuidaba a hombres. Las cosas eran muy diferentes en Salzwedel de lo que habían sido en la casa de la diaconisa. Había ceremonias religiosas, es cierto, pero escasa devoción. En lugar de eso, la ambición y los celos dividían a las enfermeras y volvían el trabajo, de por sí extenuante, mucho más arduo. Dos de los hombres jóvenes que estaban a mi cuidado murieron durante una epidemia de tifus. Luego, Hertha, una íntima amiga mía de Halle, que solo tenía veinte años, murió por causa de una apendicitis. Esas muertes me hicieron reflexionar y me desafiaron a dedicarme a algo significativo: vivir por aquello que es eterno e imperecedero.

En la primavera de 1907, volví a casa para las vacaciones. Lo que iba a experimentar allí fue algo completamente inesperado, así como nuevo y apasionante. Mi plan era quedarme solo unas pocas semanas para descansar, pues me sentía llamada a hacer el trabajo que había elegido, pero fue entonces cuando mi vida realmente comenzó.

En aquella época, Ludwig von Gerdtell, un reconocido orador, acababa de completar una serie de conferencias en el auditorio más grande de Halle. Sus temas eran «La expiación de Cristo», «¿Puede el hombre moderno creer aún en la resurrección de Jesús?», «¿Hay suficiente evidencia histórica acerca de que Cristo se levantó de entre los muertos?» y otros. Aunque no había escuchado antes a von Gerdtell, me sentí atraída hacia él por los relatos entusiásticos de mi hermano y mis hermanas, a través de amigos y conocidos e incluso a través de algunas personas en las tiendas o en la calle.

Emmy (*derecha*) y otra enfermera practicante juegan a bochas, 1906.

Tal como el dicho indicaba, «todo Halle estaba patas arriba». Las personas se acercaban a completos extraños y les preguntaban qué opinaban de esas conferencias. Era como si la ciudad entera estuviera respirando un espíritu nuevo y anhelara también ser tomada por ese espíritu. Una vez que pude hacerme de las conferencias impresas de von Gerdtell y las leí, no pasó mucho antes de que fuera parte de ese movimiento, de su llamado a arrepentirse y de su búsqueda de un cambio interior radical. El llamamiento resonaba con palabras incisivas: «¡Arrepiéntanse, porque el reino del cielo está cerca!». Me sentí tocada en el corazón, juzgada, y comencé a poner mi vida personal en orden. Y lo más importante: comencé a buscar contactarme con otros que hubieran sido conmovidos de una manera similar.

Personas de toda condición se unieron a esa renovación, aunque en Halle se trataba, sobre todo, de aquellos que pertenecían a los círculos «mejores» o «académicos». Solían reunirse en los hogares, por ejemplo, en la casa de Frau Else Baehr, esposa del cirujano general de la ciudad; o en la de Frau Schultz, la esposa de un oftalmólogo prominente. Esas mujeres abrieron las puertas de sus grandes salones para que allí se celebraran reuniones, conferencias y debates. Algunos, como Paul Zander (quien más tarde se convirtió en un cirujano calificado) y su prometida Lene Örtling, Karl Heim (futuro célebre profesor en Tubinga) y Sigmund von Salwürk (un famoso artista y pintor) se habían convertido a Cristo y estaban estudiando la vida de los primeros cristianos y su fe «primitiva» junto con otros. Ni iglesia, ni secta; ¡sino una alianza de todos los creyentes!

El 4 de marzo de 1907, mis hermanas Else y Monika recibieron una invitación para asistir a una reunión vespertina en casa de Frau Baehr. Un estudiante de teología y amigo del doctor von Gerdtell, llamado Eberhard Arnold, iba a disertar. Else y Moni (como llamábamos a Monika) no tenían demasiadas ganas de asistir, en tanto yo estaba más interesada. Mis padres no aprobaban que fuera a la casa de una extraña. En aquellos días, eso no era algo frecuente, a menos que una fuera una conocida de la familia. Curiosamente, aunque estaba algo nerviosa, sentía que cada una de mis fibras era atraída hacia allí. Así que fui. Eberhard habló acerca de la Carta a los Hebreos, capítulo diez: «. . . teniendo plena confianza para entrar al lugar santísimo por la sangre de Jesús. . . acerquémonos con corazón sincero, en plena certidumbre de fe. . .»

Después de la reunión, Eberhard fue rodeado por un grupo de personas que le preguntaban cómo poner en práctica aquellas palabras. Aunque me sentía profundamente desafiada, me contuve y, finalmente, me fui a casa. A pesar de todo, no pude olvidar aquella tarde: el amor de Cristo que se manifestaba a través de las palabras de Eberhard me llenaba poderosamente, como si estuviera persiguiéndome. Un día, mientras aún estaba profundamente conmovida por la experiencia, fui a ver a Frau Baehr para intentar contarle lo que me había preocupado por tanto tiempo. Yo era por naturaleza muy tímida en cuanto a revelar asuntos tan personales, pero más que nunca aquello parecía tratarse de la eternidad y del llamamiento a un discipulado para toda la vida.

El domingo anterior a Pascua (24 de marzo de 1907) Eberhard y yo volvimos a encontrarnos en la casa del oftalmólogo Schultz, donde Bernhard Kühn estaba ofreciendo una charla. Kühn era un hombre pequeño y deforme, pero estaba lleno de vida y tenía un fuego interior. Penetraba en el corazón de quienes lo escuchaban con su visión profética del futuro de Dios: «. . . aún no se ha manifestado lo que seremos. Pero sabemos que, cuando él sea manifestado, seremos semejantes a él porque lo veremos tal como él es» (1 Jn 3:2). Todos los presentes se sintieron profundamente conmovidos por el mensaje. Unos pocos contaron y dieron testimonio de lo que Cristo significaba para ellos y para su futuro. Con bastante timidez, yo también me puse de pie por primera vez y dije que desde ese momento en adelante mi vida solo pertenecería a Cristo.

No me perdí ni una de las siguientes reuniones del movimiento de avivamiento; así de profundamente me habían conmovido la verdad y la claridad del evangelio. Después de varias de aquellas reuniones, Eberhard me acompañó a casa. Desde el principio nos comprendimos en nuestra búsqueda común, motivados como estábamos por el espíritu que, según sentíamos, nos guiaba. Hablábamos acerca de las reuniones, de la guía de Jesús en nuestra vida y de nuestro entusiasmo por una vida entregada solo a él. Semanas después, Eberhard me dijo que, desde el primer momento en que me había visto, instintivamente había sentido que estábamos hecho el uno para el otro.

Cuando se despedía de mí en la última tarde de aquella serie de reuniones, el 27 de marzo de aquel año, Eberhard me preguntó si sentía, tal como él, que Dios nos había guiado uno hacia el otro. Le respondí que sí, y a partir de ese momento me sentí unida a él. Les dije a mis padres que me sentía como si estuviera comprometida. El compromiso formal se llevó a cabo el 29 de marzo, Viernes Santo, cuando Eberhard visitó a mis padres y les pidió permiso para casarse conmigo. Al principio, se opusieron, pero luego nos permitieron hablar a solas. Hablamos y oramos, leímos juntos el salmo 34 y pusimos nuestra vida en manos de Dios. A partir de ese momento, nos consideramos comprometidos. Mis padres se mostraron dispuestos a aceptarlo con la condición de que los padres de Eberhard también estuvieran de acuerdo.

Desde el principio, la época de nuestro compromiso estuvo llena de alegría y entusiasmo, incluso mientras nos encontrábamos en plena búsqueda y lucha. Queríamos entregar nuestra vida a

Cristo, salvar a los perdidos, consolar a los oprimidos e invitar a los pecadores a arrepentirse. Buscábamos ayuda y estímulo en los amigos y compañeros de los nuevos grupos que ya estaban formados o en proceso de formación. Leíamos juntos fragmentos de los Hechos de los Apóstoles y de las cartas de Pablo, Juan y Pedro. También intentábamos analizar el Apocalipsis de Juan, pero apenas lográbamos comprenderlo.

Eberhard estaba estudiando en Breslavia para aprobar su semestre y solo podía ir a Halle de visita. Yo no regresé a Salzwedel, en parte porque tenía un exceso de trabajo, pero también porque no podía separarme del movimiento de avivamiento que se expandía por Halle.

Eberhard y yo estábamos deseosos de encontrar la unidad con Cristo y establecer una relación próxima con aquellos que estaban empeñándose en conseguir el mismo objetivo. Queríamos comprender cómo habían vivido los primeros cristianos y en qué creían. A través de eso, la cuestión social y la cuestión de lo que verdaderamente significa ser parte de una iglesia se volvieron cruciales. Nos dimos cuenta de hasta *qué* punto la vida que conocíamos estaba dividida en clases y castas. Muchas personas, incluyéndonos, disfrutaban de una posición de privilegio, no solo con respecto a sus posesiones terrenales, sino también en un sentido intelectual, y no tenían casi nada en común con otros menos afortunados que ellos.

Intentábamos encontrar claridad en esas cosas, y el que nos sintiéramos tan unidos en nuestra búsqueda fue un regalo especial de aquella época de nuestro compromiso. Los nueve volúmenes de cartas que intercambiamos mientras estuvimos comprometidos (que aún conservo) contienen mucho de nuestras percepciones, esfuerzos y angustias.

De las últimas teníamos en abundancia, por cuanto los padres de Eberhard y los míos no podían comprender nuestro enfoque revolucionario del problema de la justicia social y de los asuntos referidos al bautismo y la iglesia. Con respecto al bautismo, por ejemplo, nos parecía evidente que la iglesia institucional se apoyaba sobre unos principios completamente equivocados al recibir a criaturas como miembros por derecho de nacimiento. Creíamos que los individuos maduros debían dar ese paso de forma voluntaria sobre la base de su

Durante sus casi tres años de compromiso, Eberhard y Emmy pasaron muy poco tiempo juntos. Eberhard estaba en la universidad; además, los padres de Emmy impusieron una separación forzada de seis meses para desalentar a la joven pareja de recibir el bautismo de adulto y así dejar la iglesia estatal.

propia fe. Cuando eso se hizo claro, surgió una amarga lucha con nuestras respectivas familias, que se valieron de todos los medios posibles para evitar que fuéramos bautizados. (Hay más sobre esto en el libro *Love Letters*, «Cartas de amor», que incluye una selección de las cartas escritas durante los casi tres años que duró nuestro compromiso). A esa dificultad se añadió el miedo de mis padres referido a que fuera a influenciar y a «contagiar» a mi hermano y a mis hermanas con el asunto del bautismo, puesto que casi todos ellos ya estaban profundamente involucrados con el movimiento de renovación.

La cuestión llegó a su punto más alto cuando a Eberhard se le prohibió presentarse a sus exámenes doctorales en Teología, porque no deseaba convertirse en pastor de la iglesia estatal. Cuando mi padre y mi madre se enteraron de eso, se molestaron más que nunca. «¿Cómo es posible que un hombre se comprometa con una mujer sin antes tener una base económica sólida para su futura familia?». Según mis padres, la actitud de Eberhard era absolutamente irresponsable.

No mucho después, en Erlangen, Eberhard cambió de carrera y comenzó a preparar sus exámenes para doctorarse en Filosofía. Aproximadamente un año después, a fines de noviembre de 1909, los aprobó. A pesar de las numerosas responsabilidades que tenía en esa época en tanto conferencista y consejero estudiantil, se graduó con los más altos honores, *summa cum laude*. Esto no garantizaba una base financiera segura para nuestro futuro, pero le recordamos a mi padre su promesa: una vez que Eberhard obtuviera su doctorado, ya no podría poner más obstáculos a nuestro matrimonio. Al principio, mi padre dudó, pero finalmente entregó mis documentos. Más tarde aquel mismo día fuimos a ver al funcionario del registro y le manifestamos nuestra intención de casarnos, una formalidad que debía ser completada tres semanas antes de la boda. Elegimos la primera fecha disponible: 20 de diciembre. ¡Por fin terminaría aquel largo período de suspenso e incertidumbre!

Desde nuestro compromiso en la primavera de 1907, jamás había permanecido en el mismo lugar por mucho tiempo. Además del conflicto con mis padres, varias circunstancias habían vuelto imposible que me quedara en casa, y había vivido en varias ciudades por toda Alemania, quedándome con amigos o con familias cuyos hijos cuidaba. Los amigos me apodaban «la holandesa errante», por mi apellido de soltera, «von Hollander».

Afortunadamente, todo acabó bien y la boda se celebró en casa de mis padres, de una manera acorde con nuestras convicciones. Los padres de Eberhard y la mayoría de sus hermanos y hermanas fueron parte de la ceremonia. Al igual que el resto de los familiares, habían manifestado objeciones al principio y nos habían advertido que esperáramos hasta tener una base económica sólida. Nosotros, sin embargo, queríamos fundar nuestra vida en común completamente sobre la fe. Esa fe jamás nos ha decepcionado.

2

La búsqueda

Durante los primeros meses de nuestra vida de casados, Eberhard organizó varias reuniones públicas, a veces junto con Ludwig von Gerdtell. En esa época von Gerdtell organizaba reuniones en el auditorio más grande de Leipzig, la ciudad donde tuvimos nuestro primer hogar. Vivió en nuestra casa durante unas seis semanas a principios de la primavera de 1910. Fue una circunstancia incómoda debido a su insistencia en comer alimentos naturales —demasiado caros para nosotros— y a otras excentricidades.

Eberhard viajaba mucho y se dirigía a las multitudes en auditorios públicos en Halle, Magdeburgo, Dessau, Érfurt, Berlín y otros lugares. Varios grupos que eran parte del movimiento de renovación de aquella época lo apoyaban y financiaban. Las conferencias que dio en el Wintergarten en Halle y en el club de Neumarkt fueron

«La liberación del individuo» y «Libertad y unidad», carteles anunciando una serie de discursos públicos en Magdeburgo, 1911.

especialmente incisivas y tuvieron consecuencias a largo plazo. A la primera asistieron casi mil personas. Sus temas incluían: «Jesús en oposición a la iglesia», «El sufrimiento y la esclavitud de las masas», «Jesús como verdaderamente era», «Siguiendo a Cristo» y «El futuro de Dios».

Yo acompañaba a mi esposo en sus viajes siempre que podía, y compartimos muchas horas juntos sintiendo el movimiento del espíritu de Dios poderosamente entre nosotros. Las personas, jóvenes y viejas, solían quebrarse bajo el peso de su culpa y sus pecados y convertirse gustosas a una vida nueva. Otras veces, nos topábamos con algún conflicto. Una vez, por ejemplo, un profesor se puso de pie e instó a la audiencia a abandonar el auditorio en señal de protesta: estaba molesto porque Eberhard había «atacado» a las iglesias institucionales al decir que estaban basadas en fundamentos erróneos.

A menudo recibíamos en nuestra casa la visita de personas que venían en busca de consejo, y las charlas a veces continuaban a lo largo de todo el día. En muchas ocasiones, cuando venían mujeres, debía echar una mano. Con frecuencia surgía la siguiente pregunta: ¿cómo podemos encontrar una forma de vida completamente nueva? En las situaciones más difíciles intentábamos ofrecer nuestros servicios acogiendo a alguien en nuestro hogar.

En 1912 vivimos una tragedia terrible: después de que Eberhard terminó de hablar en una reunión pública, un extraño le entregó una carta. Estaba escrita por una mujer que le pedía que fuera a su casa esa misma noche, y continuaba diciendo: «Si no hubiera estado presente esta noche en su reunión, todos nosotros —mi esposo, nuestros hijos y yo— no estaríamos vivos mañana por la mañana. Esta es nuestra última esperanza». Eberhard se dirigió de inmediato a la dirección que aparecía en el sobre y encontró a la autora de la carta. Era una costurera, su esposo era estudiante de Derecho y tenían cuatro hijos. El hombre, completamente incapaz de mantener a su familia, estaba desesperado. Su esposa estaba intentando mantener a la familia a flote viajando de pueblo en pueblo, enseñando corte y confección, pero ya habían abandonado la esperanza de vivir y no veían ninguna razón para continuar luchando. Estaban considerando terminar con todo al día siguiente: iban a matar a sus hijos y pegarse un tiro.

Pudimos llevar a dos de los niños a casa, pero eso no evitó la catástrofe. Unos meses después, en otro pueblo, nuestros peores miedos se hicieron realidad: recibimos una tarjeta postal en la que se nos notificaba de que el hombre y los dos niños que no nos habíamos llevado habían sido encontrados muertos, y que la mujer estaba grave, con una herida de bala en la cabeza. Eberhard voló a tomar el próximo tren y se dirigió a toda prisa a la casa donde había ocurrido el tiroteo, y de allí al hospital. Era una situación terrible. Eberhard fue interrogado por un tribunal que, por supuesto, buscaba establecer quién había cometido el delito. Ese hecho horrendo nos impactó profundamente. Nos dimos cuenta de lo poco que éramos capaces de hacer para ayudar a otros en circunstancias desesperadas.

Fue una enorme alegría que Dios nos diera hijos. Emy-Margret nació el 10 de marzo de 1911, y Eberhard (lo llamábamos «Hardy»), el 18 de agosto de 1912. Para nosotros, los hijos eran una confirmación maravillosa de nuestro matrimonio, y recibimos a cada uno como un regalo especial.

En la primavera de 1913, después de que Eberhard hubiera mantenido unas reuniones en Halle, donde vivíamos entonces, sobre el tema de seguir a Cristo, contrajo tuberculosis, lo que le afectó la laringe y los pulmones. Eso trastornó todos nuestros planes. El médico de Eberhard aconsejó el aire de montaña, y pronto encontramos el refugio perfecto: una cabaña en los Alpes del Tirol del Sur. (Nuestro segundo hijo varón, Heinrich, nació allí dos días antes de la Navidad de 1913).

Emmy con su primogénita, Emy-Margret, 1911.

Nuestra mudanza a las montañas fue un paso audaz: no teníamos ingresos regulares ni un apoyo asegurado. Nuestros padres habían esperado que Eberhard se quedara en un sanatorio: querían darnos apoyo financiero y sugirieron que el resto de la familia se separara (les preocupaba que los niños pudieran contagiarse). Sin embargo, nosotros teníamos la convicción de que no debíamos separarnos en un momento como ese, especialmente porque los doctores nos habían dado pocas esperanzas con respecto a la recuperación de Eberhard. (Tenía siete focos infecciosos en sus pulmones y lo habían operado dos veces de la laringe).

Yo debía cuidar a un esposo gravemente enfermo y a dos (luego, tres) niños pequeños, así que pedí a mi hermana Else que fuera a vivir con nosotros, y así lo hizo. Desde ese momento hasta su muerte en 1932, fue mi mano derecha, así como la secretaria de Eberhard, y nos prestó sus servicios con lealtad y dedicación.

El tiempo que pasamos en las montañas nos permitió mucha de la quietud que tanto necesitábamos y una buena dosis de descanso. De hecho, la estadía allí fue un regalo de gran importancia para nuestra vida futura. Al igual que sucedió en otros momentos de nuestra vida juntos, nuestras lecturas y nuestra búsqueda de mayor claridad y más luz se volvieron una fuente de fortaleza. Durante ese período, los primeros capítulos del libro de Eberhard, *Der Krieg: ein Aufruf zur Innerlichkeit* («La guerra: un llamamiento a la tierra del espíritu») fueron publicados en varias revistas bajo el título «Saludos desde las montañas», junto con otros artículos. También estudiamos los primeros escritos anabautistas de Hans Denck, Balthasar Hubmaier y otros. Ese gran movimiento —la expresión más radical del espíritu de la Reforma— tuvo su centro en Suiza y, especialmente, en el Tirol, donde Jakob Hutter, en cuyo honor fueron denominados los huteritas, había nacido.

Afortunadamente, el retiro en la montaña hizo maravillas y, poco a poco, Eberhard se recuperó. En la majestuosidad y grandeza de los Alpes (y de los escarpados Dolomitas frente a nuestra casa) nos regocijábamos como nunca en las maravillas de la naturaleza: el ritmo de las estaciones, la magnífica flora alpina, el sol elevándose por detrás de los picos y el resplandor rojizo del atardecer en las montañas.

Pichlerhof, la casa en los Alpes del Tirol del Sur, donde los Arnold vivieron entre abril de 1913 y agosto de 1914.

Durante un largo período posterior a nuestro retorno a casa, seguimos añorando profundamente aquella cercanía con la naturaleza, que habíamos disfrutado durante esos dieciocho meses.

El tiempo de quietud en nuestro retiro de la montaña llegó a un final súbito y abrupto. En la noche anterior al 2 de agosto de 1914, el primer día de la movilización alemana, recibimos un telegrama donde se citaba a Eberhard a reportarse inmediatamente a su unidad de reserva. Habíamos oído que se estaba preparando una guerra, pero cuando las noticias finalmente nos alcanzaron, fue un impacto. Eberhard partió hacia Halle el mismo día en un tren militar atiborrado. De allí fue enviado directamente al este rumbo al frente.

Con la declaración de guerra, el correo se paralizó completamente y las otras vías de comunicación fueron cerradas. No teníamos noticias de Eberhard. Como nos habíamos mudado al Tirol solo por el bien de Eberhard, Else, Luise (una joven alemana que vivía con nosotros en ese momento) y yo consideramos tomar el primer tren disponible que nos llevara a casa.

Entonces, el 18 de agosto (el día del segundo cumpleaños de Hardy), llegó la noticia de que Italia había roto su alianza con Alemania. En un lapso de horas empacamos lo estrictamente necesario y emprendimos el camino a casa. Logramos subir a un tren lleno de gente que partía hacia Innsbruck al día siguiente. Era imposible saber cómo íbamos a continuar nuestro viaje desde allí.

Normalmente, la distancia debería haber sido cubierta en una noche en tren expreso, pero el viaje nos tomó seis días. Estábamos viajando con niños pequeños: Emy-Margret tenía tres años, Hardy apenas dos y Heinrich tenía siete meses. Afortunadamente, nuestros compañeros de viaje eran amigables y serviciales. Cuando, finalmente, llegamos a la casa de mis padres, en Halle, en la tarde el 24 de agosto, nos enteramos de que Eberhard había sido dado de baja en el ejército por ser considerado físicamente inapto para el servicio activo, y que estaría arribando ese mismo día. ¡Qué regreso a casa y qué reencuentro!

Todo estaba bajo el influjo de la guerra. Trenes completamente cargados con soldados heridos partían del frente de batalla y el ganado era embarcado rumbo al frente para alimentar a los hombres. En los hogares —en las estaciones de tren y en las calles— las personas no hablaban de otra cosa. Un gran entusiasmo se hacía evidente por todas partes. «Alemania está rodeada de enemigos en todos los frentes. ¡Luchemos! Es una causa justa. ¡Moriremos por ella y alcanzaremos la victoria!».

Eberhard no veía las cosas de un modo tan optimista. Pero, cuando mirábamos en nuestro entorno a las personas que nos eran tan próximas, especialmente en los círculos cristianos, no sabíamos qué hacer. Los esposos, hermanos e hijos estaban en el frente. ¿Qué más podíamos hacer salvo seguir la corriente general, apoyar a Alemania y orar por la victoria? El odio hacia los ingleses era particularmente fuerte, incluso entre aquellos que habían conocido a Cristo. «Somos cristianos alemanes, y Dios le dará la victoria a nuestra causa. Dios castigará a Inglaterra». Esa era la actitud predominante, y también nos afectaba a nosotros.

A esa altura estábamos viviendo en una pequeña casa alquilada en Dölau, en las afueras de Halle. La casa tenía un jardín y limitaba con el brezal de Dölau, cerca de un precioso pinar, que era bueno para la salud de Eberhard. También era un sitio maravilloso para los niños, por supuesto. Eberhard seguía trabajando en su libro *Der Krieg: ein Aufruf zur Innerlichkeit* (que luego se llamó *Innenland*).

Nuestros amigos en Halle, quienes habían sido guiados a la fe por el testimonio de Eberhard, estaban contentos por tenernos de regreso, especialmente porque tantos hombres habían sido llamados para ir al frente. Ya en esa época los dos teníamos un extraño sentimiento cada vez que pensábamos en la guerra. Comenzábamos a preguntarnos: «¿Cómo encaja todo esto con el amor a Jesús? ¿Dónde está aquella fe que alguna vez fue tan fuerte entre nuestros amigos, la creencia de que la hermandad en la fe, la alianza de todos los cristianos debe estar por encima de cualquier nacionalismo, por encima del amor patriótico por la tierra natal? ¿Cómo es posible que un cristiano mate a sus hermanos?».

Cuando, en 1915, la batalla del Marne terminó en derrota y la balanza comenzó a inclinarse en contra de Alemania, nos preguntamos más a fondo acerca de cuál era nuestro deber. ¿Debía Eberhard alistarse voluntariamente o debía rehusarse?

Con tantos de sus hombres en el frente, los grupos que se reunían en Halle se habían ido debilitando fuertemente. En los sectores más reflexivos del movimiento de renovación se decía que «todos somos uno en Cristo», y que, incluso en el momento que se vivía, Jesús estaba reuniendo a su pueblo de todas las razas y naciones. Nos esforzábamos en discernir cómo podíamos armonizar esto con la actitud de la mayoría de los cristianos hacia la guerra. Todo el mundo era «cristiano»; sin embargo, los alemanes estaban peleando contra los ingleses, los franceses y los italianos, y viceversa.

Gradualmente, y tras mucho esfuerzo, comenzamos a entender que la guerra no podía ser la voluntad de Dios, y que la proclamación de la iglesia como el cuerpo misterioso de Cristo (del cual tanto habíamos oído hablar en aquellos años) estaba siendo totalmente destruida por dicha guerra.

En el otoño de 1915 nos mudamos con nuestros tres hijos a Wilmersdorf, un suburbio de Berlín. Allí, en plena guerra, nacieron nuestros otros dos hijos: Hans-Hermann, en diciembre de 1915, y Monika, en febrero de 1918. Como muchos bebés nacidos en tiempos de guerra, ambos eran físicamente frágiles.

En Berlín comenzó un nuevo capítulo de nuestra vida. Eberhard trabajaba con el Comité de Ayuda a los Prisioneros de Guerra en el departamento de Literatura de la recientemente fundada Editorial Furche. La organización estaba dirigida por Georg Michaelis, subsecretario de Estado y presidente del Movimiento Estudiantil Cristiano alemán. Como Eberhard había sido miembro y director del Movimiento Estudiantil Cristiano en Halle, se le pidió que fuera coeditor de su nueva publicación mensual, *Die Furche* («El Surco»).

La editorial publicaba libros, panfletos y reproducciones de obras de arte para los prisioneros de guerra y los soldados heridos internados en los hospitales militares. Esas publicaciones a menudo tenían un sesgo nacionalista alemán. Por ejemplo, una se llamaba *Der Heliand*, que en líneas generales significa «el Salvador alemán». Esto se hacía, por supuesto, para elevar la moral de las tropas en combate y apoyar la «justa causa alemana». Se esperaba que todo el mundo contribuyera a alcanzar la victoria; eso era algo que, sencillamente, se daba por sentado.

Sin embargo, a medida que el tiempo pasaba, cada vez más publicaciones de Furche no nos resultaban atractivas, por cuanto sentíamos que eran una distorsión de la verdadera fe cristiana. En la editorial había una prisa y una presión constantes, así como terribles tensiones en las tareas de apoyo a la guerra del movimiento estudiantil. Eberhard continuamente señalaba que debíamos encontrar una serenidad interior, que necesitábamos concentrarnos en nuestras fuerzas más profundas, especialmente en medio de la agitación de aquellos tiempos. Pero su consejo no era tenido en cuenta. Aún recuerdo cuando el Dr. Niedermeyer le dijo: «Dr. Arnold, no hay tiempo para la espiritualidad ahora. Estamos en guerra, *Herr Doktor*, ¡en guerra!».

El hecho de que Alemania estuviera rodeada por enemigos en todos los flancos y tuviera que combatirlos simultáneamente pesaba mucho en todos nosotros, especialmente por cuanto hacía que las personas se sintieran más obligadas a sacrificarse por el esfuerzo de la guerra. Por todos lados se izaban nuevas banderas alemanas —en las calles, en los edificios públicos y privados—, cada vez que se obtenía una victoria contra Rusia, Inglaterra o Italia. Por otra parte, los anuncios expuestos públicamente en los que se informaba de las muertes «heroicas» de los soldados y se publicaban las listas de los heridos causaban gran impacto y pena a muchas personas.

A medida que los meses transcurrían, la comida se hacía cada vez más escasa, hasta que acabó por ser completamente insuficiente. Solo era posible comprar pan, azúcar, grasa, carne y otros alimentos con tarjetas de racionamiento, y las cantidades eran cada vez más pequeñas. En determinado momento, las raciones semanales individuales eran las siguientes: casi 2 kg de pan, unos 130 g de azúcar, menos de 14 g de manteca y un poquito más de margarina. Lo único que se podía comprar sin tarjeta de racionamiento eran nabas. Con las nabas se elaboraba un sucedáneo del café, así como de otros productos.

Hacia el final de la guerra muchas personas estaban virtualmente muriendo de hambre. Para empeorar las cosas, había una desigualdad tremenda. Aquellos que tenían dinero y contactos podían conseguir casi todo, en tanto otros pasaban días sin comer. En un edificio de apartamentos, por ejemplo, algunos tenían lo que deseaban, mientras otros, como el casero y su esposa, no tenían nada y debían enviar a sus hijos a la escuela hambrientos. A pesar de todo, se esperaba que todos lucharan y dieran su vida por «la causa» del mismo modo.

Una desigualdad similar (o peor) existía en el frente y detrás de la línea de combate, o al menos esas eran las noticias que nos llegaban. Los oficiales vivían en el lujo, en tanto los soldados rasos debían sobrevivir apenas con lo mínimo. Había también enormes contrastes entre los hospitales para los soldados de rango y para aquellos que no lo tenían. Cerca del final de la guerra, en la calle comenzaron a sonar consignas como «Igual comida e igual paga, y la guerra pronto se acaba», o «Ya verán cuando regresen. Allá aprendieron a robar». El saqueo o la «requisa», como se le llamaba, estaban extendidos. Naturalmente, nada de eso contribuía a avivar el languideciente espíritu de patriotismo.

En esa época Eberhard visitaba con frecuencia los hospitales militares, donde tenía libertad para entrar y salir en su calidad de consejero estudiantil. A menudo regresaba a casa muy deprimido después de esas visitas. Nos contaba acerca del sufrimiento, la angustia, las conciencias atormentadas de muchos soldados y las distintas atrocidades que le habían contado.

Hacia el final de la guerra, la voz cuestionadora de nuestra conciencia se volvió más audible y clara. «¿Cómo es posible que un cristiano —de hecho, que cualquier ser humano— participe en este asesinato masivo?». «¿No hay justicia en este mundo?». «¿Y qué del orden social? ¿Cómo es posible que todos estén luchando por un mismo objetivo, la victoria de Alemania, y dando su vida por él, a la vez que existen desigualdades tan evidentes?».

Cuando, finalmente, la esperanza de un final victorioso, algo que había sostenido a las personas hasta cierto punto, se hizo añicos, una enorme tristeza —desesperanza y desesperación— se apoderó de las masas. Todavía puedo ver a grupos de personas paradas frente a los carteles donde se proclamaban las condiciones del armisticio. Gritaban: *«Wir sind kaputt!»* («¡Estamos acabados!»). Hasta el último minuto algunos habían alentado la esperanza vana de que la guerra de algún modo tuviera un final favorable a Alemania. Las banderas de la victoria, que habían permanecido ondeando hasta el final, habían alimentado esa ilusión. Pero ahora la verdad estaba a la vista. El káiser había abdicado y huido a Holanda. ¿Por qué no se había quedado junto a quienes habían honrado su voto de soldado hasta la muerte, luchando y muriendo «por Dios, el rey y la patria»?

Jamás olvidaré las interminables columnas de soldados que pasaban frente a nuestra casa en esos días, silenciosos, barbudos y grises, remolcando piezas de artillería y cocinas de campaña. Después de cuatro años en el frente, regresaban a casa vencidos y nadie osaba dirigirles la palabra. En su rostro se leía una enorme cuota de tristeza, dolor, desilusión, vacío y miedo.

3

Sopla el viento

Apenas unos días más tarde, las calles de Berlín lucían otra vez diferentes. Era el 9 de noviembre de 1918. Unos grandes camiones equipados con ametralladoras recorrían la ciudad a toda velocidad adornados con el estandarte rojo de la revolución. Esa bandera reemplazaba la antigua negra, blanca y roja —la tricolor del Imperio Alemán— en los edificios públicos, en el exterior de las casas e incluso en el Palacio Imperial.

Por todas partes se oían disparos. Todo el sufrimiento y el odio contenidos de los oprimidos estallaba ahora. ¡Habían visto suficiente! Hubo una cacería, hermano contra hermano. La lucha se expandió por la ciudad y, cuando viajábamos en el tranvía eléctrico, debíamos hacerlo acostados en el piso. Afortunadamente, dos veces por día el tiroteo cesaba para que los niños se desplazaran caminando hasta o desde la escuela. Atravesaban las calles pisando sobre tablones que habían sido colocados entre las trincheras a tal efecto.

Es difícil describir la Revolución de 1918–1919. Habían existido muchos indicios acerca de que un malestar se estaba cocinando: las personas habían tenido la certeza de que la guerra sería breve y de que Alemania la ganaría, y ambas esperanzas habían demostrado estar completamente equivocadas. Entonces, de manera ingenua, las personas habían depositado sus esperanzas en los Catorce Puntos de Wilson solo para frustrarse apenas leer las condiciones del armisticio y ver qué habían acordado sus líderes.

A veces teníamos la impresión de que Berlín había enloquecido. En el centro de la ciudad veíamos a hombres a los que les faltaban ambas piernas y un brazo, maniobrando un organillo con su único miembro restante. Todo el mundo que pasaba se lanzaba a una danza frenética al son de su música. Era sencillamente una locura.

Unos días después miles se reunieron para elegir a un nuevo gobierno en el auditorio más grande de Berlín, el Zirkus Busch.

Las personas accedían masivamente empujándose hacia el interior. Eberhard y yo, entre ellas. Quedamos profundamente impactados cuando alguien entre la multitud gritó: «¿Dónde estaba Dios en 1914? ¿Acaso había algún cristiano entonces? También los miembros del clero deben ser culpados; ¡hasta bendecían las armas!». Un inmigrante chino se puso de pie y gritó: «Nos convertimos al cristianismo en nuestra patria, pero lo que aquí hemos experimentado, lo que se nos ha enseñado —una nación luchando contra otra, los hombres matándose unos a otros— nos ha hecho perder la fe que sus misioneros nos llevaron. ¡El cristianismo se ha transformado en una burla a los hindúes y a los chinos!». Sentimientos similares eran expresados en otras reuniones.

Danzas folclóricas en la conferencia de Tubinga, 1919. Para el asombro de Emmy, Eberhard (*el segundo de izquierda a derecha, de espaldas a la cámara*) volvió de este evento usando pantalones cortos y una túnica suelta, al estilo del movimiento juvenil.

Cuando la elección se llevó a cabo, los candidatos fueron propuestos desde todos los bandos, desde los demócratas hasta los comunistas, que estaban representados por Karl Liebknecht y Rosa Luxemburgo. (Ambos fueron brutalmente asesinados tiempo después). Finalmente, Friedrich Ebert fue elegido presidente de Alemania, pero no existía aún estabilidad política. Por más de un año después de la guerra, el país atravesó una ola tras otra de violencia y agitación.

Algo más sucedió en aquellos días, algo que quizá había sido evidente incluso durante el último período de la guerra. Un gran cuestionamiento comenzó, principalmente entre aquellos de la generación más joven. Jóvenes de la clase trabajadora, artistas, ateos y cristianos, todos decían: «Esto no puede seguir así. Después de todo, ¿cuál es el sentido de la vida?». Esa pregunta llegó hasta nosotros a través de nuestro trabajo en la editorial Furche y de los círculos de jóvenes conectados a ella.

Como es natural, nuestra búsqueda pronto nos puso en contacto con otros, y comenzamos a organizar jornadas semanales de puertas abiertas en nuestro hogar para discutir los asuntos del día. Cuando el número de asistentes llegó a ochenta, y luego incluso hasta cien, las reuniones empezaron a ser dos veces por semana. Entre los asistentes había miembros de varias ramas del movimiento juvenil, personas de los círculos cristianos, anarquistas, ateos, cuáqueros, bautistas, artistas, así como representantes del movimiento de avivamiento.

¿Qué tenían en común esas personas? ¿Acaso no era una gran mezcla, un caos completo? No. Lo que nos unía era una única preocupación. «¿Qué debemos hacer? Esto no puede continuar así». Nadie podía dar una respuesta clara. Así fue como nos unimos en una búsqueda común. Las personas estaban expectantes, abiertas a cualquier tipo de dirección o inspiración. A menudo, continuábamos hasta pasada la medianoche, hasta que al final, después de un esfuerzo prolongado, una idea de provecho nos agrupó y nos mostró el camino a seguir. Los textos de Tolstói, Dostoyevski y Gustav Landauer tenían algo para decir acerca de nuestra situación.

En esa época Furche publicó un libro titulado *Die arme Schwester der Kaiserin* («La pobre hermana de la emperatriz»). En una de nuestras reuniones Eberhard leyó un cuento, «Rachoff», de ese libro. En él, un joven ruso de fortuna siente que Cristo lo llama a entregar su vida al servicio de los pobres. Deja la casa de sus padres y en sus andanzas conoce de primera mano las necesidades y el sufrimiento de su pueblo. Al tomar partido por los pobres, es señalado por el Estado como un hombre peligroso y enviado a prisión, donde padece un gran sufrimiento.

Llenos de expectativas, invitamos al autor, Karl Josef Friedrich, a asistir a una de nuestras jornadas de puertas abiertas y compartir

Integrantes del asentamiento en Sannerz con amigos de "El Movimiento". En palabras de Eberhard, en agosto de 1918, "una nueva generación se alza para descubrir el llamado más alto y noble de la humanidad, que será independiente de toda presión ajena y perdurará frente a todo lo vil y malo".

su visión de una solución a los problemas sociales que estábamos intentando enfrentar. ¿Podría él aconsejarnos? Sin embargo, cuando nuestro huésped llegó, solo dijo: «Sí, escribí el libro, y me conmovió esa historia basada en hechos documentados. Pero en ningún momento dije que yo haría lo mismo». Todos los presentes se sintieron muy decepcionados. Ellos, al igual que nosotros, estaban buscando una forma de proceder. Ya habíamos tenido suficiente de palabras, sermones y libros. Lo que ahora importaba eran los hechos.

Durante el año que siguió al armisticio, en toda Alemania se llevó a cabo una gran cantidad de conferencias y retiros, la mayoría a cargo de jóvenes que estaban buscando una nueva dirección para el futuro. Eberhard fue invitado a hablar en muchos de ellos. Una de las primeras conferencias fue la del Movimiento Estudiantil Cristiano en Frauenberg cerca de Marburgo, que tuvo lugar en Pentecostés de 1919. Allí, Eberhard se dirigió a los presentes y les habló de sus ideas sobre el sermón del monte. Algunos informes acerca de esa conferencia, reseñas del discurso de Eberhard y testimonios del efecto que tuvieron sus palabras en los asistentes fueron publicados en varios periódicos. Erwin Wissman escribió en la revista *Erfurter Führerblätter:*

> El núcleo de todo lo que se dijo y pensó fue el sermón del monte de Jesús. Eberhard Arnold lo grabó a fuego en nuestro corazón con una espiritualidad apasionada, lo inculcó en nuestra voluntad con un poder profético y con la tremenda fuerza expresiva de su personalidad. Fue el sermón del monte en toda la potencia de su impacto, en su relevancia absoluta e ilimitada importancia, su incondicional totalidad. No hubo ninguna concesión aquí. ¡Quien quiera pertenecer a ese reino debe entregarse completamente e ir hasta el final! Ser un cristiano significa vivir la vida de Cristo. Estamos obligados por un desafío ardiente: la entusiasta convocatoria a vivir, y la inquietante advertencia, «Todos los que toman espada, a espada perecerán».

Las discusiones siguientes fueron extremadamente animadas, y a partir de ellas, nuestras reuniones de puertas abiertas se llenaron de una nueva corriente de vida, una visión de futuro. Se convocó a una nueva conferencia del Movimiento Estudiantil Cristiano en agosto de 1919. El principal tema fue «¿Cuál es la actitud de un cristiano hacia la guerra y la revolución? ¿Puede un cristiano ser un soldado?». La respuesta de Eberhard fue un «no» claro. Un informe de esa conferencia dice:

> Eberhard Arnold reconoce la necesidad del nuevo nacimiento, y dice que esto es parte de la proclamación [cristiana]. Jesús reconocía la autoridad del Estado, pero se refería al reino de Dios como algo bastante diferente: «El cristiano debe ser agente correctivo permanente del Estado, una conciencia del Estado y su tarea legislativa, una levadura, un cuerpo extraño en el sentido de un valor más elevado; pero no puede ser un soldado, un verdugo ni un oficial de policía. Es nuestra tarea dar testimonio en palabras y en hechos, y asegurarse de que nada de las palabras de Jesús se vuelva confuso. ¡Debemos obedecer a Dios en lugar de a los hombres! ¡Debemos ser un agente correctivo en este mundo!».

Las palabras de Eberhard impactaron en la audiencia como un rayo, y fueron seguidas por un animado debate. Fue más que una discusión intelectual; fue como si se hubieran abierto unas compuertas.

Hermann Schafft contradijo a Eberhard con gran vehemencia. Él y otros sostenían que el Estado era «el siervo de Dios para castigar el mal y promover el bien», tal como lo expresa el apóstol Pablo. En un sentido relativo, Eberhard estaba de acuerdo con ese concepto de Estado. Sin embargo, sentía con urgencia que la coyuntura exigía más: necesitaba personas que estuvieran deseosas de dar testimonio del camino no violento de Jesús.

Luego de esa conferencia hubo otra en Saarow, Brandeburgo, donde el mismo tema levantó debates y deliberaciones similares. Entonces, entre el 22 y el 25 de setiembre de 1919, se organizó una reunión en Tambach, Turingia. Allí tuvimos nuestro primer encuentro con los socialistas religiosos suizos y conocimos a Karl Barth, uno de los principales oradores. El testimonio de los suizos, en especial el de Karl Barth y su creencia de que «Dios es completamente diferente del hombre» (es decir, el hombre es insignificante) causó una fuerte impresión en la concurrencia.

Recuerdo un pequeño incidente que ocurrió al final de la conferencia. Otto Herpel, quien presidía el evento y era miembro de nuestro movimiento, había dicho algo así como «Vayámonos a casa ahora y consideremos lo que hemos oído. Nos reuniremos de nuevo el próximo año y veremos si el Dios de nuestros mayores aún vive». En ese punto los suizos estallaron en carcajadas. ¿Cómo íbamos a atrevernos nosotros, pequeños seres humanos, a discernir algo así? (En realidad, Otto había querido decir que Dios sin duda estaría vivo). Ofendido, Otto abandonó la reunión. Después de convencerlo de que volviera, los suizos se disculparon públicamente por su exabrupto.

En los lugares donde Eberhard trabajaba las tensiones estaban aumentando. En aquella época era director literario de la editorial Furche, secretario general del MEC y asistente en el Servicio Estudiantil Alemán para Prisioneros de Guerra. En las tres organizaciones, las opiniones se dividían en dos bandos opuestos. Todo el mundo estaba al tanto de la confusión que reinaba entre los jóvenes, un efecto de la agitación y del sufrimiento de los años de guerra. Estaban aquellos que deseaban conducirlos de regreso a la trillada huella de la vida eclesiástica convencional y del pietismo. Otros, Eberhard entre ellos, creían que la generación joven estaba observando los hechos públicos con una mirada completamente diferente, como resultado de la guerra y la revolución. Los jóvenes habían aprendido una lección a partir de las desigualdades patentes, la realidad del deber militar y toda la psicosis de la guerra que tan penosamente habían observado. Creían que debían tomar un camino totalmente distinto, el camino del que Jesús había hablado, el camino del sermón del monte.

La actitud de ese último grupo se manifestó en varias nuevas publicaciones de Furche de la época, así como en muchos de los manuscritos que recibía la editorial, y eso condujo a conflictos con aquellos que deseaban apegarse a los «antiguos» modos e ideas. Fue más o menos por esa época cuando conocimos a los miembros de *Der Christliche Demokrat* («El demócrata cristiano»), un periódico del que más tarde nos hicimos cargo bajo el título *Das neue Werk* («La nueva obra»). De inmediato nos hicimos amigos de esas personas que estaban buscando nuevos caminos y que, como nosotros, deseaban transitarlos. Todos estaban resueltos: ¡lo viejo y lo podrido no podía ser parte de una nueva vida!

Mientras tanto, la lucha y la búsqueda continuaban en nuestras reuniones de puertas abiertas. El sermón del monte era nuestra guía y nuestro objetivo, pero había otras voces que también se hacían oír. Algunos decían: «¡Es imposible vivir de ese modo en estos días! Siempre habrá ricos y pobres. La competencia no podrá ser eliminada. Cada uno debe hacer lo mejor posible con lo que tiene. De otro modo, las personas pronto comenzarán a aprovecharse de la generosidad ajena». Sin embargo, no podíamos ignorar el contraste entre esa actitud y las palabras de Jesús: «Al que quiera quitarte la túnica, déjale también la capa. Vive como los lirios del campo y las aves del cielo. No tengas enemigos. Ama a tus enemigos. ¡Hazles el bien!». Y de ese modo continuábamos batallando. Las personas nos preguntaban: «Pero, ¿qué harían si alguien se llevara sus muebles?» o «¿Y si alguien violara o asesinara a tu esposa en frente de ti? ¿Cómo podrías amar a esa persona?».

Nuestro círculo continuaba creciendo. Como resultado de varias conferencias, se nos acercaron algunos miembros del movimiento juvenil y del movimiento de trabajadores. Para esos hombres y mujeres jóvenes, el anhelo de la Juventud Alemana Libre tal como había sido expresado en la conferencia de Hohe Meissner en 1913 permanecía vivo, y los urgía a la acción: «Deseamos ser libres para construir y determinar nuestra vida de un modo verdadero y genuino». El movimiento de trabajadores estaba luchando por libertad, igualdad y fraternidad. «No conocemos diferencias. No conocemos enemigos. Toda la disparidad está causada por las clases altas; ¡las clases bajas no deben ser obligadas a seguir su ejemplo!».

A través de la lectura del sermón del monte, comenzamos a interesarnos más en encontrar un modo práctico para expresar nuestros anhelos interiores. ¿Pero cómo debería ser nuestra nueva vida? Hubo muchas sugerencias. Cada día se volvía más insoportable para nosotros continuar con nuestro antiguo estilo de vida de clase media. Discutimos algunas posibilidades: escuelas populares, cooperativas y distintos tipos de asentamientos. Eberhard y yo teníamos la idea de comprar un remolque gitano, o incluso varios, y así viajar de pueblo en pueblo, de ciudad en ciudad, con nuestra familia y cualquiera que se nos quisiera unir. Tocaríamos música, hablaríamos con las personas e intentaríamos alentarlas, educaríamos a nuestros niños mientras nos desplazábamos. Viajaríamos sin un destino y nos quedaríamos en un lugar específico solo mientras nuestra colaboración fuera necesaria y aceptada por las viudas de guerra, los niños, los enfermos y los pobres, cuyas casas ayudaríamos a reconstruir. Muchos se sintieron atraídos por esta idea.

Poco después, en las mismas reuniones de puertas abiertas, leímos fragmentos de los Hechos de los Apóstoles, capítulos 2 y 4, acerca de Pentecostés.

> La multitud de los que habían creído era de un solo corazón y una sola alma. Ninguno decía ser suyo propio nada de lo que poseía, sino que todas las cosas les eran comunes. . . No había, pues, ningún necesitado entre ellos, porque todos los que eran propietarios de terrenos o casas los vendían, traían el precio de lo vendido y lo ponían a los pies de los apóstoles. Y era repartido a cada uno según tenía necesidad. (He 4:32–35)

Sentíamos que ahí estaba la respuesta a nuestra búsqueda y a nuestro cuestionamiento: comunidad de fe, comunidad de amor, comunidad de bienes, todo surgido de la energía de aquel primer amor.

Quizá debíamos ser una comunidad itinerante, en remolques o a pie, o quizá debíamos construir un asentamiento. Fuera cual fuera la forma, ahora sabíamos que debíamos ser mensajeros de una iglesia que ardía de amor.

> Somos fuegos que arden en la oscuridad
> Y aunque solo una noche ardamos
> Riquezas desbordantes de felicidad
> Y luz en la tierra con ese fuego damos

Pronto empezamos a buscar posibilidades reales. Nuestros amigos de la clase trabajadora preferían un establecimiento en el campo, donde las personas pudieran visitarnos, lejos de las ciudades industriales. Nosotros estábamos considerando una casa en la ciudad, en colaboración con la hermandad que habíamos contribuido a crear en Halle en 1907. Ese grupo tenía la idea de levantar una gran vivienda o un gran salón, y estaba dispuesto a poner uno a nuestra disposición, justo en el peor barrio de la ciudad.

Eberhard viajó mucho en busca de un lugar adecuado. Entonces llegó una carta de Georg Flemmig, un maestro de Schlüchtern, quien nos sugería algunas posibilidades en esa zona. Su carta llegó a nosotros como un llamamiento, un desafío a vivir al estilo de la iglesia primitiva. Flemmig nos decía que por todas partes había grupos que vivían en el mismo espíritu de expectación, que el movimiento no estaba confinado a nuestro círculo. Así que Eberhard se trasladó hasta Schlüchtern para conocer al grupo que se reunía allí.

Cerca de Schlüchtern, Eberhard encontró varias posibilidades para establecer una nueva comunidad. Por ejemplo, el Ronneburg, las ruinas de un antiguo castillo cerca de Gelnhausen. Friedrich Wilhelm Cordes, un hombre adinerado de Hamburgo y buen amigo nuestro, aplacó considerablemente el entusiasmo de Eberhard por ese proyecto con estas palabras: «¿Cómo vas a encontrar a alguien que sepa reconstruir un lugar como este?». A pesar de eso, Eberhard seguía interesado en el castillo debido a la historia «espiritual» que tenía. En tiempos del conde Zinzendorf, en el siglo XVIII, un grupo de personas había vivido allí en una comunidad de fe y bienes, y Zinzendorf, quien estaba exiliado de su Sajonia natal debido a su fe, también había participado. El proyecto del Ronneburg pronto fue abandonado, pero en el futuro visitaríamos el castillo varias veces.

Hubo otras dos conferencias durante ese período previo al inicio de nuestra propia comunidad. Habíamos enviado invitaciones a varios amigos que estaban interesados en el proyecto para que se encontraran con nosotros en Inselsberg, en el bosque de Turingia. Esas personas compartían nuestra preocupación por crear un nuevo modo de vida, y junto a ellos, haciendo música y cantando, escalamos la montaña con nuestros sacos de dormir, nuestras guitarras y violines.

En el camino nos detuvimos para celebrar un encuentro informal. Era bueno conversar sobre los diferentes asuntos en medio de la naturaleza, en aquel bello clima primaveral. Entre reunión y reunión cantábamos viejas y nuevas canciones populares: «Oh, hermosa azucena en flor», «El invierno ha pasado» y muchas otras. A menudo cantábamos una sobre la flor azul, el símbolo juvenil de la belleza, la verdad, la pureza y el anhelo.

> La flor celestial y azul
> Se abre en el bosque profundo:
> Y para llegar a ella
> Atravesamos el mundo.
> Susurra el árbol, canta el arroyo fino
> Y quien tras la azul flor marcha
> ¡Ha de ser un peregrino!

Todos sentían que había un misterio escondido en la naturaleza: Dios. La mayoría no había experimentado a Dios o lo había perdido de vista, ya por causa de una decepción con las iglesias establecidas y, más tarde, debido a las terribles experiencias de la guerra. Sin embargo, al estar allí, en medio de la naturaleza, sentíamos algo parecido a una verdadera búsqueda del Dios desconocido y un sentido de gran reverencia hacia él cada vez que nos reuníamos y cantábamos juntos.

> Suave canción, canción de paz,
> Tierna y bella canción,
> Nubecita que en el cielo azul va,
> Diente de león en el viento.

Detrás de todo esto había un Creador cuyo nombre, tantas veces abusado y distorsionado, apenas nos atrevíamos a pronunciar.

Durante esas conferencias no solo experimentábamos la naturaleza y el misterio que se escondía tras ella. También trabajábamos duro y buscábamos con afán alternativas concretas a la antigua vida que habíamos rechazado. Se formaron grupos para abordar tareas específicas, explorando modos y medios para comenzar una escuela rural o popular, crear un centro de trabajo social y así. Un grupo consideró fundar un asentamiento y varios formaron parte de eso. Ponían el énfasis en un retorno a la agricultura como la base más saludable para una aventura como esa.

Eberhard ya había explorado la idea de los asentamientos y sintetizó sus ideas en un artículo titulado «La fraternidad de las familias y la vida en asentamientos». Allí hacía referencia a cinco áreas distintas en las que los jóvenes pudieran participar para construir algo nuevo: actividades de granja y jardín, educación y escolarización, publicación y divulgación, alojamiento (con formato de hogar para niños) para huérfanos de guerra, así como artes y oficios. Muchos respondieron a su propuesta, pero la mayoría veía su realización en un futuro distante.

Al final de la conferencia de Inselsberg, Marie Buchhold, que había ayudado a iniciar una comunidad femenina cerca de Darmstadt, se puso de pie y dijo: «Ya hemos tenido suficientes palabras. ¡Ahora veamos algo de acción!». Así nos despedimos, firmemente resueltos a entrar en acción. Bajamos la montaña con un canto de alegría:

Cuando lado a lado andamos
Canciones viejas cantando
Ecos del bosque entonando
El alma en dicha confiando
Con un nuevo tiempo vamos

A finales de la primavera de 1920, en Pentecostés, hubo otra conferencia importante en Schlüchtern. Junto con otros, habíamos invitado a decenas de jóvenes que estaban interesados y pertenecían a varios grupos a que se nos unieran. Abandonamos Berlín a las cinco de la mañana en un *Bummelzug* (un tren lento) —de los que se detienen en cada estación—, viajando con billetes de cuarta, los más baratos. Debíamos arribar a Schlüchtern a las ocho de la noche. Con nosotros viajaban en el tren miembros de la Juventud Alemana Libre, los hombres vistiendo pantalones cortos y túnicas sueltas, y las mujeres jóvenes con sus sencillos vestidos de colores brillantes. Muchos tenían violines, flautas o guitarras, y cantamos una canción tras otra. Nuestros otros compañeros de viaje estaban sentados a lo largo de las paredes del compartimiento, pero nosotros nos quedamos en el centro y allí cantamos, por cuanto no había asientos suficientes.

Al llegar a nuestro destino, trepamos hasta la cima de una colina y encendimos nuestra hoguera de Pentecostés. A medida que el resplandor se esparcía sobre los campos, reflexionamos acerca de cómo simbolizaba que lo antiguo se estaba quemando y algo nuevo se aproximaba. Reflexionamos también sobre la llama que Jesús había mencionado: «He venido a traer fuego a la tierra, y ¡cómo quisiera que ya estuviera ardiendo!» (Lc 12:49, NVI). Era como si él mismo estuviera hablándonos.

Más tarde nos sentamos bajo las altas hayas, escuchamos a las personas que hablaban y participamos en las discusiones subsiguientes. Luego, con la cabeza zumbando con todas aquellas ideas, bailamos juntos —danzas populares que expresaban nuestro sentido de comunidad— y cantamos canciones populares, y canciones sobre el amor y la naturaleza. Nuestras danzas eran verdaderamente una experiencia religiosa, tal como Eberhard escribió en uno de sus poemas:

Llenos del espíritu / Dancen como uno
¡En ronda giren / Al centro viren!

Entre reunión y reunión preparábamos nuestras comidas en fogatas armadas en el bosque de hayas. Todo el mundo desempacaba las provisiones que llevaba en su morral y compartíamos aquella comida sencilla. A veces nos reuníamos en pequeños grupos en torno a las ollas; otras veces nos sentábamos en grandes círculos en el suelo. Las muchachas llevaban guirnaldas de flores en el cabello y los muchachos vestían sus pantalones cortos y sus túnicas. La formalidad exterior y las convenciones sociales eran dejadas de lado. Un espíritu de alegría y camaradería estaba vivo entre nosotros.

En una conferencia de Pentecostés en mayo de 1920, cerca de Schlüchtern, al noreste de Francfurt, Eberhard Arnold (uno de los organizadores) dio un discurso sobre "el misterio de la iglesia primitiva". Un mes después, los Arnold dejaron Berlín y empezaron a vivir en comunidad.

Lo que más nos colmaba en aquellos días de Pentecostés era el deseo de llevar algo nuevo al mundo, abrir camino para el reino de Dios, proclamar el mensaje de paz y amor. El ejemplo de San Francisco de Asís, con su amor hacia las personas y los animales, significaba mucho para nosotros.

Una mañana, el cuáquero inglés John Stephens sugirió que tuviéramos una reunión en silencio: «Ustedes, alemanes, hablan demasiado». Comenzó por explicar el verdadero significado de una reunión así, y sugirió que nos sentáramos juntos en silencio durante una media hora aproximadamente, para escuchar al Espíritu. Segundos después de que hubiera terminado, un viejo profesor de Fráncfort se puso de pie y pronunció un discurso bastante largo, luego del cual John se levantó y simplemente dijo: «Silencio». El profesor reaccionó irritado, ¡y todos estallamos en risas!

Los asuntos que discutíamos eran muy importantes para todos. Por encima de todo, estábamos interesados en el movimiento del Espíritu de Pentecostés de hacía dos mil años y sus consecuencias desde entonces. Hablamos sobre la «vida nueva», y sobre *eros* y *agápē*, el amor humano y el amor divino. Todos sentíamos que algo penetraba en nosotros.

Un día dimos una caminata hasta un asentamiento «de reforma social» llamado Haberthof en las cercanías de Elm, para ver cómo lucía la «vida nueva». Ese asentamiento comunitario había sido iniciado por Max y Maria Zink, una pareja proveniente del sur de Alemania, un año antes de que nuestro nuevo comienzo se pusiera en marcha. En tanto citadinos, nos sentimos profundamente impresionados por la vida simple de aquellas personas allá arriba en la ladera de una colina, y por su completa falta de pretensión, que se ponía de manifiesto en el sencillo atuendo campesino que llevaban. Eberhard y yo comenzamos a pensar que quizá nuestra futura comunidad debería adquirir una forma exterior similar.

Mientras nos sentábamos juntos durante las tardecitas, a menudo cantábamos la canción de Matthias Claudius «Ha salido la luna». Jamás nos íbamos sin cantar el *Schlüchterner Lied* «No hay tierra más bella», que habla de reunirse en medio de la belleza del campo. En una oportunidad, un año más tarde, después de que nos habíamos formado en círculo y cantado esa canción para cerrar una reunión, alguien espontáneamente agregó una nueva estrofa:

Hermanos, lo que uno nos vuelve
Es otro sol que nos envuelve
Por él vivimos, por él persistimos
La iglesia unida se yergue.

Fue al final de esa conferencia de Pentecostés de 1920 que Eberhard y yo y algunos otros fuimos caminando hasta la cercana aldea de Sannerz, para ver una casa de la que nos habían hablado. El edificio, grande y de ladrillos, estaba vacío. Pertenecía a un tal Konrad Paul, que lo había construido con un dinero que él mismo había ganado en Estados Unidos. Elegimos una ruta entre las colinas y descansamos en el trayecto, por lo que nos tomó unas dos horas llegar a Sannerz. Nuestra primera parada fue en la pequeña posada de la aldea, donde nos recibieron bien y nos ofrecieron una buena comida. Luego cruzamos el camino para dar un vistazo a la casa de campo, como se la conocía, un edificio que iba a volverse importante para nosotros y para tantas otras personas en el futuro.

Herr Paul se mostró amigable y servicial. La casa parecía adecuada para nuestro propósito, con sus quince habitaciones, una cocina, y unos áticos que podían ser remodelados para volverlos habitables. Había cobertizos, pocilgas y gallineros, una huerta considerable e incluso unos campos aptos para la agricultura. En conjunto, el lugar nos impresionó como demasiado típico de clase media, al menos comparado con el Habertshof, que parecía mucho más apropiado para la vida simple que teníamos en mente. Sin embargo, en aquel momento, no había muchas opciones. En una Alemania demasiado pobre para importar productos, los granjeros rara vez estaban dispuestos a desprenderse de su tierra, y este era un raro hallazgo.

Regresamos a Berlín sin haber resuelto el asunto de la compra de la propiedad, pero, de todos modos, comenzamos a empacar. No teníamos donde ir, pero estábamos seguros de que ya no podíamos quedarnos en Berlín, y sentíamos que, si actuábamos guiados simplemente por la fe y la confianza, seríamos guiados con claridad.

4

Los comienzos en Sannerz

Nuestra relación con la editorial Furche era cada vez más difícil. Algunos artículos y manuscritos que nosotros y nuestros amigos considerábamos desafiantes y adecuados para su publicación no eran valorados (e incluso eran rechazados) por personas en posiciones influyentes, y las tensiones resultantes nos frustraban en un momento en el que sentíamos la necesidad en nuestro entorno y al Espíritu que nos llamaba a la acción. Justo cuando nos encontrábamos en esa encrucijada, unos amigos en Schlüchtern le preguntaron a Eberhard si quería hacerse cargo de una nueva editorial que planeaban inaugurar, la *Neuwerk Verlag*.

No, no había ningún tipo de respaldo financiero, ni para iniciar esa aventura comercial propuesta ni para comprar la villa en Sannerz y cumplir nuestro sueño de una casa comunitaria. Pero eso no importaba. Decidimos que había llegado el momento de dar la espalda al pasado y comenzar de cero llenos de confianza. Algunos amigos bienintencionados no lo aprobaron. ¡Qué acto de irresponsabilidad imprudente para un padre de cinco niños pequeños lanzarse a lo desconocido de esa manera! Frau Michaelis, esposa del anterior canciller del Reich, me visitó y se ofreció a ayudarme a mí y a los niños en caso de que mi esposo diera ese «inusual» paso. Después de hablar conmigo, le comunicó a un amigo en común: «¡*Ella* es incluso más fanática que *él*! No hay nada que podamos hacer».

Nuestra partida de Berlín el 21 de junio de 1920 aconteció demasiado abruptamente. Monika, nuestra hija menor, que por entonces tenía dos años, era de naturaleza enfermiza debido a que, durante su infancia, en tiempos de guerra, había padecido de malnutrición. Lo mismo sucedía con nuestro hijo menor, Hans-Hermann que, a pesar de tener cuatro años, (al igual que Monika) estaba demasiado débil para caminar. Cuando, además, Monika se enfermó de una infección gástrica, nuestro pediatra aconsejó que nos mudáramos de inmediato al campo con ella, de manera que pudiera disponer de leche y huevos frescos, miel y buen pan. Enviamos un telegrama al propietario de la posada en Sannerz y anunciamos nuestra llegada para el día siguiente.

De ese modo, Eberhard y yo marchamos rumbo a Sannerz con nuestra pequeña Monika a primera hora de la mañana de aquel domingo, fecha del solsticio de verano. Nuestros otros cuatro hijos se nos unieron unos días más tarde, acompañados por nuestra asistente Suse Hungar —una mujer del Ejército de Salvación— y de otra mujer, Luise Voigt. Ambas se habían ofrecido para trasladarse con nosotros, al menos por un tiempo. Mi hermana Else se quedó para arreglar nuestros asuntos con la editorial. El Sr. Lotzenius, el amable posadero, tenía tres habitaciones dispuestas —empleadas en la fabricación de arneses en verano y en el almacenaje de manzanas en invierno— para que las ocupáramos durante el verano.

Antes, por supuesto, habíamos puesto nuestras esperanzas en la casa de Konrad Paul, al otro lado del camino, pero ahora, el dueño

El establo en Sannerz, donde los Arnold alquilaron tres cuartos pequeños en verano de 1920, después de dejar su hogar en el barrio exclusivo de Berlín-Steglitz.

dudaba y decía que no estaba seguro acerca de si quería vender o alquilar el lugar. Lo más probable era que su intención fuera dejarnos en suspenso, lo que le permitiría pedir un mejor precio.

Contábamos con un dinero que nos habían ofrecido, 30 000 marcos (que aún tenían algo de valor en esos días), para fundar una «comunidad moldeada según la iglesia primitiva». El donante era nuestro amigo Kurt Woermann de la Línea Hamburgo-África. También teníamos nuestra póliza de seguro de vida que planeábamos vender, aunque eso no fuera a reportarnos demasiado dinero. Aun así, estábamos dispuestos a quemar las naves y depositar toda nuestra confianza en Dios, como las aves en el cielo y las flores en el campo. Esa confianza sería nuestro cimiento —el más seguro de los cimientos, según creíamos— sobre el cual construir.

Luego de varias semanas finalmente llegamos a un acuerdo con Herr Paul. Debíamos firmar un contrato de alquiler por diez años y comprar toda la maquinaria agrícola y los muebles del lugar, así como todo el ganado que consistía en cuatro vacas, algunos cerdos, cabras y pollos. Debimos hacer un pago inicial de 30 000 marcos, incluyendo la renta de un año por anticipado.

Desde el comienzo la casa se vio inundada por un constante flujo de huéspedes, la mayoría de ellos del movimiento juvenil y sus distintas ramas. Con el fin de hospedarlos, los enviábamos a buscar dependencias para dormir en los heniles de las granjas vecinas. Lo que resultaba más difícil era encontrar trabajo para todo el mundo: el único trabajo real disponible era recolectar y cortar leña del bosque que estaba detrás de nuestra casa para ser usada en la cocina y el lavadero.

Poco a poco logramos tomar posesión de la «Neuwerk House», como la llamábamos. Desde el principio quedaron disponibles tres habitaciones al frente en la planta baja, y las usábamos como oficinas y para nuestro trabajo de edición. En diciembre ya disponíamos de toda la casa, por cuanto habíamos podido finalmente reunir todo el dinero. Lo celebramos con gran entusiasmo, cantando una canción de Adviento tras otra, e incluso escribiendo una nueva canción, «En casa estamos en la sagrada espera», como expresión de nuestra alegría. La cantamos por primera vez bajo la ventana de Else el día de su cumpleaños, el 13 de diciembre.

Eberhard y Emmy dieron el apodo «Sonnherz» (corazón del sol) a la villa de Konrad Paul. El centro de la rama Neuwerk del movimiento juvenil, allí vivieron los Arnold y su comunidad entre 1920 y 1927.

Cada mañana a las seis nos reuníamos en torno al fogón, donde la avena se estaba cocinando. Nos sentábamos en silencio y escuchábamos. Éramos siete, los que habíamos permanecido juntos en ese intento de ir por un camino nuevo, luego de que la multitud de huéspedes de verano nos hubiera dejado. Un poderoso espíritu de expectación vivía en nosotros; ¡nos parecía que el reino vendría en cualquier momento! Quienes estábamos viviendo en comunidad, junto con aquellos que iban a quedarse con nosotros, compartíamos esa percepción. ¿Quién sabía lo que el día siguiente podía traer? Luego de eso nos íbamos a trabajar en la oficina, en el jardín, en la habitación de los niños (estábamos impartiéndoles la enseñanza en el hogar) y en cualquier otra parte de la casa.

La simplicidad —pobreza en aras de Cristo— era como un principio rector. ¿Cómo podíamos nosotros, que deseábamos compartir el sufrimiento de las masas en aquellos años de la posguerra, guardarnos algo? Ese es el motivo por el cual poníamos todo en común y dábamos todo lo que teníamos a aquellos que deseaban servir al mismo espíritu de amor con nosotros.

Otro asunto que tenía gran importancia era la castidad —la pureza de cada individuo— y el matrimonio como símbolo de la unidad de Dios con la iglesia. En tanto seres humanos débiles, éramos conscientes de que una vida disciplinada sería posible solo a través de la fe en Cristo y a través de entregarnos completamente a él, pero considerábamos una alegría esforzarnos en eso.

Durante los meses de invierno no teníamos tantos visitantes, lo que hacía posible afianzar los lazos dentro de nuestro pequeño grupo con más profundidad. Pero, tan pronto como la primavera regresaba, los huéspedes comenzaban de nuevo a dejarse ver por la casa. Los jóvenes que salían a dar paseos por el campo para disfrutar de la naturaleza llegaban hasta nosotros por centenares. Durante ese año fueron unos dos mil los que se quedaron con nosotros al menos una noche. Entre ellos había estudiantes, miembros de grupos cristianos, *Wandervögel* (un movimiento informal de jóvenes errantes conocidos como «aves de paso»), anarquistas, ateos y otros que habían dado su espalda al orden social existente.

La mayoría de nuestros huéspedes llegaba a pie. En aquellos días, ¿quién tenía dinero para viajar en tren? Nadie lo deseaba, de todos modos. Algunos de los que llegaban no querían usar carbón ni herramientas, pues ambos eran producidos a costa de los mineros y los trabajadores de las fábricas, y llenaban las arcas de aquellos que jamás habían trabajado honestamente.

Casi todos ellos sentían que la comunidad era «la» solución: la comunidad de las personas, la hermandad de las naciones, la armonía con la naturaleza y la paz con la humanidad como un todo. Finalmente, la unión con Dios y con el Cuerpo de Cristo. Solíamos conversar hasta la madrugada. Muchas veces nuestras discusiones se volvían bastante acaloradas, pero, en general, lográbamos ponerles fin de forma armoniosa. A menudo terminábamos con una danza suave, moviéndonos en círculo mientras cantábamos.

Durante aquellas reuniones hubo momentos en los que algo llegaba a nosotros, algo que no provenía de nosotros ni de quienes nos estaban visitando. Eso sucedía especialmente en los encuentros con personas que llevaban la carga de o estaban atormentadas por poderes demoníacos. Así lo describió Eberhard años más tarde:

Entre nosotros —quienes estábamos viviendo juntos y quienes se acercaban a compartir la experiencia— el Espíritu Santo nos ponía cara a cara con la presencia de Dios en nuestros encuentros y reuniones. En aquellos días, las habitaciones en Sannerz estaban llenas de una fuerza que no se originaba en nosotros, los que allí vivíamos, ni en aquellos que eran nuestros huéspedes. Era una fuerza venida de Dios que nos visitaba, una fuerza invisible que nos rodeaba. De ese modo podíamos comprender Pentecostés como la ráfaga del espíritu que visitaba la iglesia expectante con el Espíritu Santo. Ese maravilloso misterio daba vida a la iglesia. En ese punto nadie podía manifestar ni agregar su voluntad o su palabra, ni siquiera la palabra de un así llamado líder o un así llamado opositor. La voz viene de las nubes y el hombre calla. Sin embargo, esto no significa que solo aquellos que reconocen a Cristo, que reconocen que se han convertido o que han renacido como cristianos, sean tocados por la nube. Sucede exactamente lo contrario. Muchas veces experimentamos que el Cristo escondido se revela a través de las personas que insisten en que no tienen fe. Cristo visita a todas las personas mucho antes de que ellas descubran la unidad con él. Creemos que la luz de Cristo ilumina a cada persona que viene a este mundo.

Para aquellos de nosotros que experimentamos ese comienzo, el «primer amor» permanece inolvidable. No hace mucho me encontré con personas que estuvieron presentes en aquellos días formativos: me han dicho que la experiencia tuvo un impacto en todo su futuro. Por supuesto que nadie puede vivir de recuerdos del pasado. También hoy el espíritu vive y llama a las personas como en los tiempos de Juan el Bautista: «¡Arrepentíos, porque el reino de los cielos se ha acercado!». Jesús llama a los hombres y a las mujeres a que lo sigan, a dejar todo en busca de la única perla preciosa. Aquí y allá está sucediendo ahora. Sin embargo, para cada persona, el momento de su primera conversión y su primer amor siempre será significativo, y en tiempos de debilidad podrá acudir a él como se acude a una reserva de fortaleza.

Desde el principio no queríamos ser los fundadores de una obra que fuera solo nuestra. Una comunidad jamás puede ser fundada: solo puede ser concedida como un don del Espíritu. Nosotros simplemente deseábamos vivir como hermanos y hermanas, y llevar a vivir entre nosotros a cualquiera que deseara lo mismo. Sin embargo, muchas veces se volvía obvio que las personas que deseaban seguir sus propias ideas no estaban preparadas para ir por ese camino.

Había choques en la vida cotidiana, y en nuestras discusiones; cada tanto sucedía que un huésped se volvía molesto durante nuestras reuniones. En esos casos, podíamos llegar a solicitarle que se retirara. De hecho, era excepcional que alguien debiera ser expulsado. Aquellos espíritus opositores generalmente se depuraban a sí mismos y acababan yéndose, aunque eso a veces tomaba su tiempo.

A pesar de que las horas diurnas estaban destinadas a la obra, las horas vespertinas pertenecían a los huéspedes y a las charlas con ellos. Como antes mencioné, nuestros encuentros podían volverse bastante acalorados. Por otra parte, no era inusual que un argumento dejara a todos en silencio. Entonces, algo nuevo e inexplicable, algo que nos unía a todos, se abría camino.

Nuestros huéspedes eran diversos, pero había algunos que eran sumamente peculiares. Uno que nos impresionó sobremanera fue un tal Hans Fiehler, que se llamaba a sí mismo «Hans im Glück», en referencia al cuento de los hermanos Grimm «Juan con suerte». Llevaba una gorra de lana roja y un chaleco también rojo en cuya espalda se leía «Hans im Glück» en letras resaltadas, y atravesaba la campiña a pie con dos violines. Uno era un instrumento italiano de calidad que había comprado en ese país; el otro era de hojalata y

Tal como esta cena en la veranda, cada reunión y comida en Sannerz era importante, no solo para los miembros, sino también para los miles de visitantes que llegaban buscando algo nuevo.

había pertenecido a los gitanos. Hans im Glück tenía cuatro ocarinas (unos silbatos de cerámica con forma de pájaro): la «bisabuela», la «abuela», la «madre» y la «hija».

Cuando llegaba a una aldea o a un pueblo tocando sus ocarinas, Hans im Glück pronto era seguido por una multitud de niños a quienes reunía en la plaza. Siempre tenía algo para contarles, un mensaje para proclamar. Generalmente, les contaba historias sobre el cielo y la tierra, sobre el futuro de la humanidad y el futuro de la creación, ¡que en un tiempo venidero toda la tierra sería como el cielo! Casi todos esos niños habían pasado por experiencias terribles durante la guerra; conocían el hambre y la necesidad, y muchos habían perdido a su padre, a su madre o a ambos. Pero cuando Hans formaba un círculo con ellos, y cantaban y bailaban, rebosaban de alegría.

Hans im Glück consideraba Sannerz su hogar y sus estadías eran largas. Su visión de las cosas nos afectaba a todos. Solía preguntar: «¿Por qué siempre hablamos de los buenos tiempos pasados? ¿Por qué decimos "Había una vez. . ." en lugar de "Llegará el día cuando. . ."? ¿Por qué decimos 1920 y demás? ¿Por qué no 80 antes de 2000?» Tomábamos esa actitud expectante hacia el futuro, así como su entusiasmo por la venida del reino de Dios en la tierra, con toda seriedad, y eso nos removía profundamente.

Una vez hizo que los niños lo ayudaran a plantar un «árbol del año 2000» —un pequeño ciruelo— en la pradera frente a la casa. Luego, todos danzamos en torno al árbol, cantando una de sus espontáneas composiciones sencillas. En otra ocasión nos hizo marchar con él a través del pueblo, llevando faroles de papel y cantando juntos con el acompañamiento de sus instrumentos: «¡A través de las puertas de la nueva era marchamos cantando!».

Varias veces Hans im Glück entró en conflicto con las autoridades. Durante un verano había alquilado una atalaya en las montañas del Harz, donde trabajaba como guía y vendía *souvenirs*. En una ocasión salió de la torre para ir a almorzar y clavó un poema en la puerta: «Hans im Glück su panza colma. Haced lo mismo. . . allende las lomas». Cuando regresó y vio a un grupo de personas que fumaban y bebían, perdió los estribos e incendió el edificio. Debido a ese incidente, fue encarcelado por varios días. Desde su celda nos escribió: «Desde el pequeño ático de un *Wandervogel*. . . les envío mis sinceros saludos».

En 1924, con la inflación en su punto máximo y muchas personas pasando hambre, Hans im Glück se dirigió a un general del ejército en una de las grandes ciudades (cuyo nombre he olvidado) y le hizo la siguiente propuesta: si ustedes quieren recuperar su buena reputación entre la población, lleven sus cocinas

Hans im Glück con un amigo, en 1925 o como él diría «75 antes de 2000».

de campaña a la ciudad y alimenten a los pobres. Yo los apoyaré y filmaré todo. ¡Sorprendentemente, el plan funcionó! Hans im Glück estaba allí con su cámara, dándole órdenes al general: «¡Párese con elegancia!» «¡Sirva usted mismo!», y así. Solo después de que toda la comida hubiera sido servida alguien «descubrió» que no había película en la cámara. Afortunadamente para Hans im Glück, la muchedumbre estaba de su lado y su broma no tuvo consecuencias.

Con tantos cientos de personas entrando y saliendo, nuestra casa en Sannerz comenzó a lucir un poco desaliñada. Un día el propietario nos exigió que la pintáramos. Naturalmente, no teníamos dinero para un proyecto como ese, aunque Hans im Glück y otro huésped dijeron que harían el trabajo si nosotros comprábamos la pintura. Y eso hicieron, aunque no como lo habíamos imaginado. En el vestíbulo de la planta baja pintaron un enorme dibujo de un sol naciente y de alguien que tocaba una campana: «Bim, bam, bom; ¡que venga la primavera de las naciones!». En la pared de la escalera emergía un mural: todos los integrantes de la casa bailando y saltando tras Eberhard, quien los guiaba alegremente ¡adelante y arriba! Todo el mundo encontró su propia caricatura; ¡hasta el ganso estaba! En otra pared estaba pintada la melodía de la canción: «Que nuestros corazones estén siempre felices», y en torno a las notas había niños bailando. Hans im Glück aún estaba dando los últimos toques cuando unos visitantes adinerados llegaron, observaron su pintura y le preguntaron con gran sorpresa: «¿De dónde es usted?». «De un manicomio», fue la respuesta jovial.

Muchos años después, en un libro acerca de la resistencia al Tercer Reich, leímos que Hans im Glück había sido encarcelado por su hermano, entonces alcalde de Munich, y torturado a causa de sus creencias en una futura paz mundial. Luego de la guerra escribí a nuestros conocidos en Munich e intenté seguir su rastro, pero no supe nada. Parecía que nuestro querido amigo hubiera desaparecido después de haber sufrido el mismo destino de tantos otros que levantaron sus voces en protesta durante aquel tiempo oscuro.

Algo que siempre me impactó acerca de los primeros años en Sannerz fue el modo en que hombres y mujeres que habían perdido toda su fe como resultado de la guerra y la revolución eran capaces de experimentar al Creador a través de su contacto con la naturaleza. Al aire libre, en medio del viento que soplaba, en la hermosa campiña y en la vida simple del trabajo y el ocio compartidos, experimentaban la realidad del Espíritu, que nos acerca a Dios. Para muchos esto conducía a una recién descubierta fe en Cristo, aunque había una cantidad igual de huéspedes que no deseaba tener nada que ver con la religión.

Toda clase de personas inusuales llegaba a visitarnos: estaba aquella cantante de ópera que cantó para nosotros durante toda una velada, y la familia cuyos miembros se nos aparecieron disfrazados cada uno como una flor silvestre diferente. Todo lo que dijeron fue: «Venimos del bosque; vivimos en el bosque; al bosque volvemos». Algunos de nuestros visitantes vegetarianos eran tan fanáticos que no comían nada más que vegetales crudos o fruta madura. Un joven decidió que su buena conciencia no le permitía comer nada y acabó muriendo por inanición.

A veces nos visitaban vagabundos, achispados, pero atraídos por la música y el canto comunitarios. Todo el mundo era bienvenido, e intentábamos preocuparnos por cada uno que llegaba. Así fue como Karl Gail aterrizó entre nosotros un día, ebrio, pero muy encantado con lo que veía y experimentaba. «No puedo quedarme con ustedes», decía; «Soy un hombre malo. . .» En los días siguientes Karl nos contó toda su triste historia de vida de alcohólico y de las raíces de su gran miseria. Afortunadamente, pudimos animarlo a quedarse en Sannerz, lo que hizo, aunque después de unos meses recaía en sus viejos hábitos y se marchaba. Cuando volvía a casa, completamente borracho y lamentándose por no ser digno de nosotros, nos pedía perdón y, una vez más, prometía enmendar su camino. Eso continuó durante años, hasta que Hitler llegó al poder, después de lo cual Karl se marchó para siempre. Lamentablemente, no volvimos a saber de él.

En definitiva, nuestra vida en comunidad fue gozosa, guiada por nuestra expectativa de un nuevo futuro. Eso fue especialmente así durante los dos primeros años. Cada día que pasábamos juntos era una ocasión para celebrar, y jamás perdíamos la oportunidad de hacerlo. Cuando comprábamos una vaca o una cabra, por ejemplo, la decorábamos con guirnaldas de flores silvestres y la llevábamos por las calles de la aldea, cantando juntos. Lo mismo sucedía con nuestro trabajo: ya fuera que hubiéramos terminado de levantar todas las rocas de un campo recientemente arrendado, o acabado de escardar la tierra de las alubias, arvejas y papas; ya que hubiéramos hecho conservas con la última fruta de otoño o recogido una cosecha especialmente buena de hortalizas, cada tarea completa era una oportunidad para divertirnos y confraternizar. Todos participaban, incluso aquellos que estaban sobrecargados con trabajo en la oficina, debido a la cantidad de libros que publicamos en aquellos primeros años. A menudo, invitábamos a los habitantes de la aldea.

Entre los libros que preparamos para ser publicados durante esa época había una colección de las cartas de Tolstói; la traducción al alemán de *Sacrament of Life* («Sacramento de vida») de Mary Fry; *Die Rassenfrage* («La cuestión racial») de Goldschmidt; *Von Glauben und Leben* («Sobre la fe y la vida») de Zinzendorf; *Vom Reich Gottes* («El reino de Dios») de Blumhardt; *La imitación de Cristo* de Tomás de Kempis. También publicamos *Junge Saat: Lebensbuch einer Jugendbewegung* («Semilla Joven: el libro de vida de un movimiento juvenil»), una antología editada por Eberhard Arnold y Normann Körber; *Dorfgedanken* («Meditaciones aldeanas») y *Hausbaken Brot*

(«Pan casero»), ambos de Georg Flemmig, y *Legenden,* un pequeño libro de leyendas. Además de todo eso, todos los meses publicábamos el periódico *Das neue Werk.*

Cuando evoco esos días, creo que fueron un anticipo de lo que podemos esperar en una medida más grande y perfecta en el futuro. El pensamiento me estremece, pero siento una alegría y un agradecimiento profundos por eso, también. Algo de eternidad vivía entre nosotros; algo que nos hacía olvidar los límites del tiempo y el espacio.

Una y otra vez ocurría algo que podíamos llamar milagro. Es difícil hablar de esos hechos, pues sucedían de un modo bastante simple y sutil. Los poderes demoníacos se retiraban de nuestras reuniones; los enfermos sanaban inadvertidamente; y acontecían cosas que no pueden ser humanamente explicadas. Aquellos hechos, sin embargo, no nos resultaban inusuales; parecían un indicio natural de que Dios estaba obrando entre nosotros. Poco tiempo antes de morir, Eberhard me dijo: «Dios nos dio mucho, pero nos hubiera dado mucho más si hubiéramos tenido más fuerza». Sí, todo había sucedido a pesar de nosotros, a pesar de nuestras insuficiencias e incapacidades.

Celebrábamos todas nuestras festividades —Adviento, Navidad, Pascua y Pentecostés— comunitariamente, y su significado nos acompañaba a lo largo del año, no solo en fechas específicas. Cada año, durante el Adviento, ensayábamos juntos una obra de teatro navideña y luego la llevábamos de aldea en aldea. Las condiciones eran precarias. Los vestuarios no tenían calefacción ni siquiera en invierno; y las salas que usábamos (que decorábamos con fragantes ramas de pícea) rara vez eran calefaccionadas antes, si es que alguna vez lo eran. Si había una estufa, nosotros mismos debíamos ir a buscar la leña al bosque. Jamás cobrábamos entrada. Teníamos presentes las palabras de Jesús: «De gracia recibisteis; dad de gracia». De todos modos, colocábamos un costal vacío donde nuestro público —casi todos campesinos pobres— dejaba lo que podía: huevos, un trozo de jamón, una salchicha o una hogaza. Cuando llegábamos a casa, después de caminar a través de la nieve profunda, preparábamos una comida con esos obsequios. Aquello era verdaderamente un festín infrecuente.

Una preciosa tradición en la víspera de Navidad era nuestra caminata por el bosque de la montaña Albing. Allí, en un lugar resguardado, formábamos un círculo en torno a una pequeña pícea iluminada con velas y cantábamos un villancico tras otro. Después de leer el cuento de Navidad, cada uno tomaba una vela del árbol y bajábamos en procesión ladera abajo, protegiendo nuestras velas del viento mientras caminábamos. Si la llama de alguno se extinguía, otro la encendía con la suya, un símbolo del amor y la ayuda mutuos en los que poníamos tanto esfuerzo en nuestra vida cotidiana.

Cada año se redescubrían antiguas canciones que eran agregadas a nuestro repertorio; a mí me gustaba particularmente el coral de Martín Lutero «Alabado seas Jesucristo», y su estrofa:

Eterna luz ahora está
Para el mundo aquí y allá;
En la noche oscura nace,
De Su luz hijos nos hace.

Cuando la cantábamos con el arreglo de Bach, me sonaba como la música de las esferas. También estaba el antiguo himno «Venid, dad a Cristo todo honor». Cuando Eberhard sugería que cantáramos ese al final de una reunión, solía tomar mi brazo e íbamos cantando por toda la casa. «Mirad, hay una luz en el este» de Otto Salomon y «Noche de Navidad, noche de noches» de Eberhard fueron escritas en esos días. La última expresaba la esencia de nuestro anhelo: «Haznos pobres, tal como tú eras, Jesús; ¡pobres a través de tu gran amor!».

Fue en uno de esos primeros años que organizamos nuestro primer pesebre viviente. Eberhard era José; yo representaba a María y cargaba un bulto con una luz brillante dentro. Los niños, vestidos como ángeles, estaban de pie en torno a nosotros, cada uno con una vela; luego llegaban los pastores, los reyes y una multitud de espectadores que se inclinaba en señal de respeto.

En los años siguientes, nuestro pesebre viviente se volvió una parte central de nuestra celebración. Lo montábamos en un establo o en otro cobertizo sencillo, y a menudo era la única reunión que teníamos en la víspera de Navidad. El intercambio de regalos con la algarabía y el júbilo de los niños se reservaba para el día de Navidad.

En uno de esos meses de diciembre tomamos conocimiento de una sencilla obra de teatro basada en la parábola de las diez vírgenes, y la representamos en varias de las aldeas cercanas. En cada actuación el público quedaba fascinado por su importante mensaje, y también nosotros. Los ensayos eran como reuniones de culto. Aunque, en general, evitábamos el lenguaje religioso y los discursos devotos, no podíamos hacerlo con esa obra. Tampoco lo deseábamos, pues sus parlamentos eran expresiones de genuina reverencia. No solo los adultos, sino también los niños se sensibilizaban durante los ensayos. Tal como nos dimos cuenta años después, asimilaban mucho de lo que estaba sucediendo, a pesar de que pudieran no haberlo comprendido.

Naturalmente, los niños (incluyendo aquellos menos privilegiados que habíamos acogido en nuestra casa) también montaban sus pequeñas obras, y lo hacían con todo el corazón. Del mismo modo les encantaban sus canciones navideñas infantiles favoritas.

La Semana Santa era otra época especial para nosotros, pues nos recogíamos interiormente para reflexionar acerca de los hechos acontecidos dos mil años antes. El Jueves Santo solíamos preparar un cabrito (no podíamos permitirnos un cordero) para nuestra cena. Luego cantábamos muchas canciones acerca de las últimas horas de Jesús en este mundo. El Viernes Santo —un día para que cada individuo reflexionara sobre el significado de la muerte de Cristo— era generalmente conmemorado en silencio, aunque durante una reunión por la mañana leíamos en voz alta la historia de la crucifixión. El sábado nos reuníamos en silencio para recordar el entierro de Cristo. A menudo cantábamos una única canción:

Oh, tristeza; oh, sufriente corazón,
¿no debemos lamentarnos?
El único hijo del Padre
Es llevado a su sepulcro.

Oh, mayor necesidad,
Dios mismo ha muerto.
En la Cruz murió
Y para nosotros ganó
El reino del cielo
Por su amor.

El Domingo de Pascua era un día de celebración gozosa: ¡el mal, el pecado, la división y la muerte habían sido vencidos por la resurrección de Cristo! A menudo subíamos hasta la cruz de Weiperz antes del amanecer, a las tres de la madrugada. Allí se había dejado preparada una hoguera el día anterior. Después de encenderla, caminábamos alrededor lenta y silenciosamente. A veces, alguien expresaba brevemente lo que sentía en su corazón. Al salir el sol cantábamos hermosas canciones y luego leíamos en voz alta la historia de la Pascua en uno de los evangelios.

Nuestras reuniones de Pascua eran profundas. Nuestros niños más pequeños a menudo se encontraban presentes, pero rara vez eran una molestia, pues estaban muy absortos en la experiencia. Los huéspedes también estaban con nosotros, en especial los hombres y mujeres del movimiento juvenil. Debido a su respeto por «aquello que está más allá» casi nunca resultaban una molestia. Sí, a menudo saltaban sobre la fogata con nosotros, de a uno o en pares, después de que las llamas se habían extinguido. Esa tradición redescubierta era un idioma no de palabras, sino de acción, y provenía de una experiencia interna. ¡En el pasado ya se habían pronunciado demasiadas palabras!

Pentecostés era «nuestra» festividad más importante: después de todo, era el espíritu de Pentecostés y la primera iglesia en Jerusalén los que nos habían inspirado a seguir esa forma de vida. No era nuestra intención imitar nada. Algo que, por otra parte, era imposible, por cuanto lo que pertenece al Espíritu jamás debería ser copiado. Aun así, es tan imposible fundar una iglesia por uno mismo —sin el Espíritu— como casarse sin una pareja. ¿Y acaso no había sido en la inolvidable conferencia de Pentecostés de 1920 en Schlüchtern donde habíamos experimentado una efusión tan grande de energía y amor nuevos?

En 1921, durante Pentecostés, organizamos una conferencia en Sannerz. Nuestro tema fue el camino del amor y su libertad. Durante esos días nos sentimos unidos de un modo especialmente profundo al leer la primera carta de Juan. Temprano en la mañana, antes del desayuno, escalamos la montaña Albing con nuestros instrumentos musicales. ¡Queríamos ser guiados y fortalecidos para el día que teníamos por delante por las palabras del apóstol del amor!

Existía, por supuesto, la habitual mezcla de elementos. Una mañana, durante la conferencia, Max Schulze-Sölde, un huésped, irrumpió en nuestra reunión e imploró al espíritu que descendiera sobre nosotros desde las hojas de haya encima de nuestra cabeza. «¿Qué estás diciendo?», gritó alguien. «¿Es ese el espíritu que queremos que descienda sobre nosotros?». Entre los presentes se instaló una inquietud considerable, y Eberhard, que no era el principal orador, suavemente condujo a Max fuera. Pronto, sin embargo, pudimos continuar tranquilos nuestra búsqueda común.

Las reuniones que se celebraban temprano por la mañana en Sannerz tenían un hondo significado para nosotros, y no solo cuando se trataba de conferencias. Cualquiera que estuviera en paz con Dios, sus hermanos y hermanas podía participar. Aquellos que no lo estaban se quedaban aparte. En esa época usábamos aros: las mujeres y las niñas, una tiara plateada, y los hombres, un anillo abierto en el dedo. Ambos simbolizaban nuestra pertenencia a un círculo abierto. La idea había partido del movimiento de la «iglesia primitiva» liderado por Georg Flemmig en Schlüchtern, un grupo que en aquellos días sentíamos muy cercano. Como sucedía en nuestras reuniones, cualquiera que no se sintiera unido al resto de nuestro círculo no llevaba ni anillo ni tiara.

Danzas folclóricas energéticas en Sannerz expresaban la alegría de una vida nueva, libre de la formalidad burguesa.

La autenticidad de las formas, manifestadas a través de la unidad, el sentimiento de ser uno, eran muy importantes para nuestra vida comunitaria, ya fuera que tuvieran que ver con nuestras reuniones y comidas, nuestros productos (libros, artesanías y muebles) o nuestra vestimenta. Siempre preferíamos lo más sencillo y sin adornos. Nuestro objetivo, sin embargo, no era ser aburridos; lejos de eso. Cuando era posible, usábamos los colores llamativos del arco iris, los que, al ser mezclados, creaban el color blanco de la luz. Todo tenía su importancia intrínseca.

Durante el verano de 1921 tuvimos decenas de huéspedes de la clase trabajadora. Muchos de ellos nos desafiaban a vivir incluso más sencillamente, a desprendernos de todo lo que no fuera absolutamente necesario, en aras del amor a los pobres. Eberhard y yo sabíamos de la existencia del socialista religioso suizo Hermann Kutter desde 1912, cuando habíamos leído sus libros y habíamos intentado empezar a vivir con mayor sencillez. Pero no nos dábamos cuenta de que a los ojos de los más pobres entre los pobres aún lucíamos «burgueses», y estábamos agradecidos por sus esfuerzos en ayudarnos a continuar por el camino que habíamos elegido.

Entre quienes nos visitaron aquel verano estuvieron Theo Spira, un escritor influenciado por el cuaquerismo primitivo, y Martin Buber, el célebre filósofo judío. Martin Buber apareció justo el día del bautismo de Suse Hungar (Heinrich Euler, un amigo bautista del movimiento juvenil, estaba de visita y había acordado llevar adelante el bautismo en el manantial de nuestro bosque). Lamentablemente, no pudimos persuadirla de esperar y, como resultado, estuvimos ausentes junto con todo el resto de los miembros del hogar en la mañana del arribo de Buber, un hecho que, estoy segura, no contribuyó a nuestra relación con él.

En otra oportunidad, el escritor Eugen Jäckh, un amigo de Christoph Friedrich Blumhardt [2] llegó de visita. Movilizado por el espíritu que había experimentado entre nosotros, dijo que le recordaba la parroquia de Bad Boll en tiempos de Blumhardt hijo, y se lamentó

---

2   Christoph Friedrich Blumhardt (1842–1919), un pastor, escritor y socialista religioso que no dudaba en manifestar públicamente sus opiniones, hijo del pastor y escritor Johann Christoph Blumhardt (1805–1880).

de que «ya no fuera así». Eugen había compilado dos volúmenes de escritos de Blumhardt, y fue durante esa visita que Eberhard hizo planes para publicarlos.

Los Blumhardt, padre e hijo, jugaron un rol importante en nuestro círculo, y su expectación del reino de Dios nos llenaba de un nuevo entusiasmo cada vez que leíamos sus palabras. Estábamos especialmente atentos a las descripciones del viejo Blumhardt acerca de las sanaciones en su parroquia —no solo referidas a enfermedades físicas, sino también a posesiones demoníacas—, pues nosotros teníamos experiencias similares. Pero, por encima de todo, nuestro anhelo estaba dirigido hacia el reino futuro, cuando el amor y la justicia gobiernen sobre todo el mundo, de hecho, sobre todo el universo.

El pastor suizo Leonhard Ragaz, quien abandonó su cátedra debido a su amor por la clase trabajadora, también ejerció una gran influencia sobre nosotros en aquellos días. Leímos muchos de sus artículos en nuestras reuniones internas y nos sentimos profundamente fascinados y estremecidos por su mensaje. Aún recuerdo claramente sus palabras sobre la fidelidad y sobre lo que significa seguir a Cristo. Lamentablemente, Leonhard jamás pudo visitarnos, pero Eberhard mantuvo con él una correspondencia regular.

Algo similar sucedió con Kees Boeke, un amigo y compañero de búsqueda que vivía en Holanda. A pesar de que cuando se casaron eran ricos, Kees y su esposa Betty (de soltera, Cadbury, de los célebres chocolates británicos) se habían sentido llamados a entregar sus posesiones a los pobres y a vivir en comunidad, y después de la Primera Guerra Mundial habían fundado un «hogar de hermandad» en Bilthoven.

Yo había conocido a Kees durante el invierno de 1920–1921, cuando fue a Sannerz con varios delegados de la Fraternidad de Reconciliación y Paz para compartir con nosotros unas charlas sobre la «vida nueva». Otros que formaron parte fueron Oliver Dryer de Inglaterra, John Nevin Sayre de Estados Unidos y Henri Rosier de Francia. Es posible que también haya habido otros. Esas reuniones fueron las primeras que tuvimos desde el final de la guerra con representantes de naciones «enemigas», y nos llenaron de valor y fe en el futuro. He ahí unos hombres que compartían nuestro sueño de construir un nuevo mundo, una nueva era en un nuevo espíritu de reconciliación.

Otra visita importante fue la de Rudolf Koch. Era un famoso diseñador gráfico y calígrafo, que también tenía una visión de futuro y fue parte activa de los movimientos de la época. Justo en los días en que se estaba quedando con nosotros, la casa estaba atestada de huéspedes, y decidimos que había llegado la hora de redactar algunas reglas para los visitantes. Rudolf lo hizo con su gruesa y hermosa caligrafía, y nosotros fijamos la hoja a la pared del salón comedor.

Con o sin reglamento, intentábamos ser tan generosos como nos era posible. Una rima favorita de esos años decía: «Invitamos a diez, pero vinieron veinte. Pon agua a la sopa ¡y que todos se sienten!». Hablando de comida, nuestros platos eran de lo más simple que se pueda imaginar. Yo misma pasaba muy poco tiempo en la cocina, debido a los muchos huéspedes que había, y la mayoría de las mujeres jóvenes que llegaban eran obreras, mecanógrafas, maestras o miembros de hogares acomodados.

Para colmo, a veces sucedía que, al buscar al cocinero (¡aunque no teníamos a nadie que pudiera ser realmente llamado así!), lo encontrábamos sentado fuera, pintando o escribiendo poesía, mientras el agua hirviendo de las patatas rebosaba la olla, el fuego se consumía o la sopa se quemaba. A nadie le importaba demasiado; de hecho, esas cosas solían despertar risas:

¿Qué nos darás hoy, cocinero?
¡Rayos y centellas! ¿Otra vez fideos?
Quemados están por tan rojo ardor
Dinos, cocinero, ¿no te da pudor?
Fideos quemados, crocantes y negros
Algo que no quiere ni comer un cerdo.

Sí, nosotros los adultos no perdíamos el sueño por esas cosas. Los años anteriores de guerra y revolución no nos habían malcriado. Algunas veces, sin embargo, me resultaba arduo debido a los niños. Además de los nuestros, habíamos acogido a varios en extremas condiciones de pobreza, algunos de ellos de no más de un año o dos, y ninguno estaba bien nutrido. Sorprendentemente, algunos de nuestros huéspedes no podían comprender que esos niños necesitaran mejor alimento que los adultos. Uno me preguntó: «¿Por qué los niños reciben leche y huevos en lugar de arenque, alubias y arvejas secas como recibimos los adultos? ¿Acaso no deseamos compartir *todo?*».

En el primer año en Sannerz, además de Eberhard y yo (y de nuestros cientos de huéspedes), había otras cinco personas que pertenecían a nuestro círculo original: mi hermana Else, Otto Salomon, Eva Oehlke, Suse Hungar y Gertrud Cordes. Se nos conocía, un poco en broma, como «los siete santos». Éramos una banda de combatientes, en proceso de crecimiento, hablábamos acerca de todo y juntos resolvíamos todo. Pero no estábamos tan estrechamente unidos como para comprometernos entre nosotros para siempre, como sí lo hacen hoy los miembros de nuestra comunidad.

Sobre el final de 1921, nuestro hogar creció con rapidez, quizá con demasiada rapidez. De aquellos que habían sido nuestros huéspedes y ayudantes durante el verano, un número considerable —más de cuarenta— se quedó a pasar el invierno con nosotros. Debido al tiempo seco y a nuestra falta de experiencia, la cosecha fue pobre ese año, pero a nuestra aventura editorial le estaba yendo bien, y a eso dedicábamos toda la fuerza de trabajo posible. Otto Salomon

Sannerz, 1921. De pie (*de izquierda a derecha*): Bob Hettenhausen, Anke Schulz, Otto Salomon, Suse Hungar, Paul Hummel. Sentados (*de izquierda a derecha*): Emmy, Eberhard, Paul Oberländer, Else von Hollander, Eva Oehlke.

trabajaba allí, al igual que Fritz Schloss, Else Böhme (que venía de la editorial Furche), Lotte Scriba, Hedwig Buxbaum, Eva Oehlke y, por supuesto, Else y Eberhard, quienes trabajaban juntos fundamentalmente en la revista *Das neue Werk*. En resumidas cuentas, era todo un equipo que trabajaba en las tres habitaciones del frente en la planta baja. Casi todos los días alguien debía ir a hasta donde estaban los impresores en Schlüchtern (una caminata de una hora y media). Así de ocupados estábamos publicando nuevos libros y artículos.

Mientras tanto, el trabajo en el campo también se estaba expandiendo, y Eberhard invitó a un antiguo amigo a que nos ayudara con eso. Cuando llegó con su joven esposa, resultó que, a pesar de que era un hombre joven muy agradable, un verdadero idealista de nuestra causa, apenas sabía algo de agricultura. En primer lugar, dispuso que los aldeanos retiraran nuestros montículos de abono de forma gratuita, porque eran «un adefesio». Como es natural, los granjeros de la aldea estaban encantados, aunque horrorizados ante semejante ignorancia. Luego fue a buscar unas carretadas de estacas a un bosque próximo que pertenecía al rico propietario de un castillo de las cercanías, y orgullosamente exclamó: «Pronto habremos derribado el bosque completo de la baronesa». ¡Si tan solo hubiera recordado plantar las alubias! A veces se sentaba debajo de la vaca, con sus grandes anteojos con montura de asta, intentando ordeñar y componer poesía al mismo tiempo, para gran diversión de los aldeanos. Es innecesario mencionar que nada de eso generaba mucha confianza en nuestros métodos de agricultura.

Nuestra tarea educacional marchaba mejor. Suse Hungar, la mujer del Ejército de Salvación que había ido con nosotros desde Berlín, era una maestra calificada, al igual que Gertrud Dalgas (apellido de casada, Hüssy), quien se unió a nosotros en octubre de 1921. Trudi, como se la conocía, había sido una joven maestra en Fráncfort y había escuchado a Eberhard hablar en el centro de educación para adultos (*Volksbildungsheim*) de ese lugar, luego de lo cual asistió a nuestra conferencia de Pentecostés, renunció a su trabajo y fue a vivir con nosotros, llena de energía y alegría.

El mismo día en que Trudi llegó, mi hermana Moni se nos unió. Estaba trabajando como partera en Halle en aquel momento, y al principio simplemente fue porque «disfrutaba nuestro modo de vida». Pronto decidió quedarse para siempre. Mi hermana mayor, Olga, y su hija adoptiva, Ruth, quien tenía siete años, también vivieron con nosotros durante el verano de 1921. (Más tarde, Olga se mudó, pero Ruth se quedó para siempre).

En este punto quiero contar acerca de la boda de Gertrud Cordes, miembro de nuestro círculo e hija de un rico comerciante, y Hermann Thoböll, un joven médico. La boda no fue en Sannerz, pero Eberhard y yo fuimos invitados, pues éramos amigos de los padres de la novia y a menudo habíamos sido huéspedes en su residencia de campo durante los primeros años de nuestro matrimonio.

Gertrud y Hermann querían que su boda se celebrara al estilo del movimiento juvenil. No deseaban una boda de iglesia «estilo burgués», un velo de novia, la tradicional corona de mirto, y todo lo demás. Sin embargo, los padres de la novia y los del novio, que habían preparado todo para celebrar una boda de clase media alta, siguieron adelante y compraron un frac para Hermann y un largo vestido de novia para Gertrud. El día de la boda, el novio apareció vestido con una túnica verde brillante y unos pantalones cortos, y la novia, con un sencillo vestido blanco de campesina y una guirnalda de tréboles violetas en el cabello. En lugar de hacer una procesión, seguimos a la pareja hasta una pradera, cantando mientras marchábamos, y nos sentamos en círculo sobre el césped.

Eberhard debía conducir la ceremonia al estilo de los cuáqueros y del movimiento juvenil. No recuerdo qué leyó ni qué dijo, pero tenía algo que ver con el amor y la fidelidad, y con el sentido de la verdadera iglesia. Luego, el juez Thoböll, padre de Hermann, exigió un certificado oficial de matrimonio, así que Heinrich Schultheis, pastor y amigo que había asistido a la boda con Eberhard y conmigo, extendió uno.

Hacia finales de 1921, tantas personas habían llegado a vivir con nosotros, que debimos encontrar una fuente adicional de ingresos. Pensamos en cestería, costura, tejido, cualquier cosa que pudiera traer algo de dinero extra. Mientras evaluábamos nuestra situación financiera, se hizo evidente que no todos consideraban la importancia de nuestra misión con el mismo criterio. Por ejemplo, algunos se preguntaban si verdaderamente debíamos acoger a niños necesitados

Los cinco hijos Arnold con los niños de acogida que vivían en Sannerz, Alemania, en 1921.

cuando apenas podíamos mantener a los nuestros. ¿Pero qué otra cosa podíamos hacer? No habíamos pedido niños, ¡simplemente nos los habían traído!

En esa época, una segunda pareja —Heinrich y Elisabeth Schultheis— llegaron con sus dos pequeñas hijas. Heinrich, un pastor de Gelnhaar de opiniones fuertes, había dejado su puesto debido a sus ideas radicales. Ya no sentía que le fuera posible quedarse en la iglesia. (Elisabeth, por otra parte, tenía una actitud de clase media e intentaba continuar con su habitual estilo de vida en medio de nosotros, lo que provocó unas cuantas tensiones).

Después de Navidad nos ocupamos de la carta a los Romanos, en especial el capítulo ocho, donde Pablo escribe sobre la victoria del Espíritu. Fue durante nuestras reuniones acerca de ese tema que Otto

Salomon, uno de nuestro círculo original de siete, cuestionó nuestra dirección en tanto comunidad por primera vez. «¿Cómo podemos dar testimonio de Romanos 8 si aún vivimos según Romanos 7?», preguntó. Otto se refería a las palabras de Pablo: «Porque no hago el bien que quiero sino, al contrario, el mal que no quiero. . . ¿Quién me librará de este cuerpo de muerte?». Alguien explicó que en el capítulo ocho no se dice que *somos* liberados, sino que *podemos* ser liberados. Otto no estaba convencido.

Luego de esto hubo muchas charlas con él, individualmente y en forma colectiva dentro del hogar. Cuando, un año y medio antes, Otto se unió a la comunidad, había dicho, «Yo soy el camello. Pueden cargar sobre mi lomo cualquier cosa que sea demasiado para ustedes». Pero esa fe y esa humildad iniciales habían desaparecido hacía mucho. Ahora decía: «Si tuviera que entregarme completamente al llamamiento, no sería capaz de producir arte». Y, «Han aceptado a tantas personas poco valiosas entre ustedes, que aquellos que tienen algo para dar están comenzando a alejarse». Bueno, ¡eso ya no sonaba como el hombre que era cuando había llegado por primera vez!

No fue extraño, por tanto, que un día poco después de aquello Otto se acercara a decirnos que se había unido al Jungmännerbund (Fraternidad de hombres jóvenes), el movimiento liderado por Georg Flemmig, y deseaba abandonar nuestra creciente comunidad eclesiástica. Claro que había otras voces críticas, incluso hostiles, que ya se hacían oír en aquellos días, y a las que nos dirigimos en un artículo, «De las críticas a Sannerz», en *Das neue Werk* de 1922. Pero ¿y Otto? Su partida significó un dolor inesperado para todos nosotros. ¡La primera persona que abandonaba nuestras filas! Después de que se fue, otros en nuestro círculo también plantearon preguntas. De todos modos, el buen espíritu nos guiaba juntos una y otra vez.

5

La crisis

En la búsqueda de una vida nueva, que alguna vez había estado tan llena de promesas, surgió una influencia diferente, también en la prensa. Provenía especialmente de los ministros de varias iglesias. Su lema era: «Dejen que las personas con la nueva visión regresen a los antiguos modos de vida y dejen que su luz brille allí». A través de eso el ímpetu del movimiento se detuvo para muchos jóvenes.

La Conferencia de Pentecostés de 1922 no fue en Sannerz, sino en Wallroth, en las colinas del Rhön, y el nuevo movimiento «volvemos a lo antiguo» invitó a oradores como Wilhelm Stählin. Los temas en sí eran un indicio de que se intentaba tomar una dirección diferente: «Fanatismo y salvación en el movimiento juvenil», «Sannerz (fantasía, utopía) versus Habertshof (realidad)». Este último título reflejaba los cambios en el Habertshof, donde había arraigado entre muchos la idea de adoptar la visión de volver a la antigua vida, especialmente a través de la influencia de Emil Blum, un expastor suizo. A pesar de todo, Eberhard habló. Entre otras cosas, habló del «funeral» del movimiento juvenil, lo que resultó muy ofensivo.

Continuamos recibiendo muchos huéspedes, incluyendo a aquellos que habían asistido a la conferencia, y en nuestra casa por las tardes había numerosas y largas discusiones sobre las dos direcciones existentes en nuestro movimiento. Las personas tomaron posición de un lado o de otro. ¡Había comenzado la lucha dentro de nuestras propias filas! Mientras tanto, nuestro trabajo en la editorial y en la granja continuó, aunque interrumpido por las frecuentes charlas.

En el verano de 1922 nuestra familia fue invitada a pasar el mes de julio con los Boeke en Bilthoven, Holanda. Ya en esa primavera Kees nos había dado un dinero para comprar un molino, pues la casa en Sannerz se había vuelto demasiado pequeña para el número creciente de personas, y no valía la pena agrandar un edificio que, después de todo, alquilábamos.

Hasta ese momento los granjeros de Sannerz nos habían arrendado sus campos más pobres y pedregosos, amparándose en que éramos «muchas personas» y, por lo tanto, «podíamos» juntar las piedras. Estoy segura de que también sabían que no éramos buenos granjeros y conservaban las mejores tierras para ellos. Por otra parte, los campos que pertenecían al molino eran mucho mejores y estaban en el sitio más romántico, lo que volvía muy atractiva la idea. Además de eso, el trabajo en la editorial no podía sustentar a sesenta personas. Vivir y trabajar más cerca de la naturaleza —experimentar las temporadas de siembra y cosecha— seguramente era una solución. Pero a medida que los meses siguientes transcurrían, se volvió claro que la idea iba a terminar en nada.

Como ya lo mencioné, toda nuestra familia, incluyendo a Else, había sido invitada a pasar julio en Bilthoven, y la comunidad decidió que debíamos aceptar. Luego de aquellos primeros dos años en Sannerz, Eberhard y yo estábamos bastante venidos a menos, y la salud de los niños no estaba mejor, como resultado de la malnutrición de la posguerra. En los meses anteriores había crecido un cierto malestar en la comunidad, pero acordamos hacer el viaje y depositamos nuestra esperanza en el buen espíritu para superar todas las dificultades y diferencias. También confiábamos en aquellos que habían luchado y sufrido tanto con nosotros. Sin duda, aún tenían fe en el reino venidero, ¡que no veíamos tan lejano! Esa idea vivía en nosotros.

En Holanda tuvimos una cálida bienvenida y fuimos atendidos con mucho amor. Entre las personas que conformaban el grupo de los Boeke había un espíritu alegre y antimilitarista. Cada sábado todos los que podían marchaban frente al ayuntamiento en Ámsterdam, cantando en varios idiomas la canción de Kees: «No, no, basta de lucha».

El 2 de agosto de 1922, octavo aniversario del comienzo de la guerra, una multitud de opositores a la guerra, provenientes de Bilthoven y otros sitios, marchó a través de Ámsterdam con caballos de peluche y banderas de la paz donde se leía la inscripción: «No más guerra». Por supuesto, nosotros también participamos cantando

«Por demasiado tiempo los cristianos han levantado las armas contra sus hermanos» y otras canciones compuestas por Kees Boeke, todas en neerlandés. Mientras las columnas del ejército marchaban ante la Casa de los Hermanos en Bilthoven, todo el mundo abría sus ventanas y gritaba: «*Nooit meer oorlog!*», «¡No más guerra!».

Kees y Betty tenían una actitud similar con respecto al dinero: ni siquiera lo tocaban. Cuando cruzaban un peaje, entregaban huevos o algo más. Tampoco creían en pagar impuestos ni en obedecer a los oficiales de policía, y más de una vez fueron encarcelados por eso. Una vez Kees simplemente se tendió en el piso y debió ser arrastrado. Sus muebles y demás posesiones fueron rematados en varias oportunidades, pero cada una de esas veces sus amigos y familiares ricos les volvían a acondicionar la casa. Y así se repetía el ciclo.

El grupo de Bilthoven también era muy radical en otros aspectos. Cada huésped o asistente podía participar en sus reuniones y cada voz tenía igual peso. Como Kees decía, cada persona lleva una luz en su interior, y el buen espíritu puede actuar y hablar a través de ella. En ese sentido, todo el mundo podía expresar su opinión acerca de cualquier asunto práctico que surgiera. Formamos parte de esas reuniones varias veces, y nos parecieron bastante caóticas. Lo que echábamos de menos (y así lo dijimos) era la atmósfera de Cristo, en cuyo espíritu la libertad se une con el respeto por un poder unificador mayor. En cualquier caso, Kees y Betty nos impactaron: eran una pareja honesta y franca, unas personas que llevaban sus convicciones a la acción. Y teníamos mucho que aprender de ellos.

Mientras estábamos en Holanda, nos llegaban cartas cada vez más inquietantes en las que nos contaban cómo estaba la situación en casa. Por un lado, las preocupaciones financieras habían aumentado; la inflación era enorme, los préstamos (algunos de amigos y uno de un banco) estaban siendo reclamados, y de pronto nos veíamos enfrentando deudas cuyo pago pensábamos sería en un lapso de varios meses. Entonces se le pidió a Eberhard que regresara a casa. A decir verdad, puesto que era imposible recaudar dinero en Alemania, sentíamos que era providencial que estuviéramos en Holanda y confiábamos en que aquello que necesitábamos nos sería dado allí. Eberhard escribió a casa para avisar que estaría de regreso antes de que venciera el pago, esto es, en dos semanas o antes.

A pesar de eso, la inquietud en casa, tal como la transmitían las cartas desde Sannerz, creció aún más. Yo estaba pronta para viajar con nuestros hijos en caso de necesidad, pero Eberhard quería quedarse: durante una larga caminata a través del brezal había recibido la certeza de que no debía permitir que se lo sacudiera de su calma interior, sino que debía completar sus tareas en Holanda como había sido previamente acordado y regresar a casa para el momento en que el préstamo bancario venciera. Cuando discutimos la situación con Else, llegamos a la misma conclusión. Sentíamos una poderosa seguridad interior que nos indicaba que Dios nos mostraría el camino, si solo se lo permitíamos. En este punto deseo compartir unas líneas de una carta que Eberhard escribió a mi hermana Monika en aquellos días:

¡Coraje! ¡Ya no debemos detenernos en lo pequeño! Lo grande debe apoderarse de nosotros de un modo tal de que también penetre y transforme lo pequeño. Otra vez siento coraje y alegría por nuestra vida, en la certeza, por supuesto, de que implicará una lucha grande y gloriosa. ¡El Espíritu conquistará la carne! ¡El Espíritu es el más fuerte! Él nos inunda, a mí, a ti, uno tras otro. Este Espíritu es bondad, independencia y movilidad.

Nuestra vida no será más estrecha, sino más ancha; no más limitada, sino más ilimitada; no más regulada, sino más abundante; no más pedante, sino más generosa; no más sobria, sino más entusiasta; no más pusilánime, sino más audaz; no peor ni más humana, sino llena de Dios e incluso mejor; no más triste, sino más feliz; no más incapaz, sino más creativa. ¡Todo esto es Jesús y su espíritu de libertad! Él está viniendo a nosotros. Por lo tanto, no nos lamentemos por nada; antes bien perdonemos a todos, tal como nosotros debemos ser perdonados por todo, y vayamos hacia el futuro radiantes de alegría. Quédate y espera hasta que estés revestida con el poder que viene desde lo alto.

Pronto las cartas de casa comenzaron a referirse a nuestra «completa falta de responsabilidad». También descubrimos que aquellos que se habían hospedado en Sannerz solicitaban al Hogar de Hermandad en Bilthoven que enviaran la cantidad de dinero que desearan darnos directamente a su dirección, en lugar de dárnosla a nosotros. (Los Boeke no obedecieron esa sugerencia).

Nuestra partida de Holanda aconteció rápidamente. En nuestra última noche allí, una señora nos entregó un sobre que contenía florines. Cuando Eberhard fue al banco por la mañana, recibió en moneda alemana la cantidad exacta que nuestra editorial debía pagar al banco en esa misma fecha. ¡Por una vez la inflación había operado a nuestro favor! Eberhard llamó a casa para compartir la buena noticia, pero se encontró con la siguiente respuesta: «Es demasiado tarde. ¡La editorial ya está siendo liquidada!».

Luego de eso viajamos a casa. Pasamos la noche en Fráncfort y llegamos a Sannerz al día siguiente. Suse, Moni y Trudi nos recibieron en la estación de Schlüchtern. Suse parecía petrificada y solo dijo que no podía contarnos nada. En casa tuvimos una fría recepción y una sopa aguada. A pesar de eso, habían horneado una pequeña torta para los niños.

Después de la comida nos invitaron a una reunión; todo el mundo se sentó en un círculo en el piso del comedor, la habitación más grande de la casa. Las ventanas estaban abiertas y, sentados en el marco u observando desde el exterior había estudiantes y otras personas de una convención que se estaba celebrando en Schlüchtern ese mismo día. (Se había previsto que Eberhard hiciera el discurso de apertura, y varios de los participantes se habían acercado, con el deseo de ver algo de Sannerz).

En el interior de la habitación, una pelea estalló y se propagó, por cuanto el conflicto que había estado cocinándose lentamente en los meses previos finalmente llegó a su punto máximo. Por un lado, estábamos quienes sentíamos que debíamos abandonar las antiguas formas de una vez y para siempre si deseábamos construir algo verdaderamente nuevo; por el otro lado, estaban quienes nos aconsejaban abandonar nuestro «idealismo». Se decía que la fe y los asuntos económicos no iban de la mano, en tanto nosotros creíamos que la fe debía penetrar y dirigirlo todo, incluyendo los asuntos financieros. Max Wolf lo había expresado mejor en una reunión de la editorial celebrada unos días antes: «Lo que diferencia a Eberhard Arnold del resto de nosotros es su convicción de que la fe debe determinar *todas* las relaciones, incluyendo las financieras».

Finalmente, se dijo que nuestra «puerta abierta» no era otra cosa que una gran mentira, que habíamos celebrado reuniones de naturaleza interna y práctica en las que no todo el mundo había estado presente. Era cierto; algunas veces, a altas horas, nos habíamos reunido cuando la mayoría de las personas ya estaba en la cama, para discutir los varios desafíos y problemas que nuestros numerosos huéspedes habían traído con ellos y para buscar el modo de avanzar. Pero, sobre todo, nos habíamos juntado de ese modo simplemente con la finalidad de reunir la fuerza interior para el próximo tramo del camino.

Por supuesto, no fue una reunión sencilla. Pero las discusiones que siguieron fueron aún más difíciles, y en la habitación había una atmósfera palpable de oscuridad y hostilidad. Cuando Eberhard declaró que no estábamos dispuestos a cambiar la dirección y que estábamos listos para continuar viviendo con ellos de una manera modesta y sencilla, si alguien más accedía a asumir el liderazgo, la conmoción no tuvo límites. Uno tras otro se fue poniendo de pie y declaraba su intención de abandonar Sannerz. Habrán sido unos cuarenta. Apenas podíamos comprender todo aquello después de haber atravesado tanto con muchos de ellos. ¿Qué había sucedido durante nuestra ausencia de cuatro semanas? ¡Era inconcebible!

Eberhard y Emmy, 1922.

Finalmente, cuando la persona a cargo de la reunión preguntó quién tenía aún intención de quedarse, solo se manifestaron siete, el número más pequeño posible para permitirnos continuar como una organización legalmente constituida. De haber quedado menos, Sannerz hubiera sido automáticamente disuelta, y el dinero para el molino, así como todas las existencias, hubieran sido distribuidos entre aquellos que en aquel momento vivían en la casa.

Nuestro gerente comercial en aquella época, un exempleado bancario llamado Kurt Harder, estaba entre aquellos que deseaban irse. Aparte de él, el consejo ejecutivo estaba integrado por Heinrich Schultheis (que también había decidido irse), Eberhard y yo. No se requerían más de dos firmas para llevar adelante operaciones comerciales, así que era posible hacer cualquier cosa sin Eberhard y sin mí. Y así fue. Los muebles y los implementos de granja —que incluían nuestras vacas y otros animales— fueron vendidos. Se dijo que nosotros, personas de ciudad, éramos incapaces de cuidarlos adecuadamente. Compraron varios frascos para que aquellos que iban a mudarse pudieran llevarse tanta fruta y vegetales como fuera posible. La leña que habíamos recolectado para el invierno fue quemada en las estufas y se abrieron las ventanas, aunque recién estábamos a principios de setiembre. Las personas también usaron el dinero destinado al molino para comprar abrigos, camisas y otras prendas, y nos animaron a hacer lo mismo. Su rabia excedió todos los límites cuando nos rehusamos a aceptar una parte de eso. El dinero había sido donado para una causa común; Kees jamás había tenido la intención de hacerlo para ser dividido entre individuos.

De todos lados se nos lanzaron acusaciones de fraude, y la situación se volvió casi insoportable. Naturalmente, aquellos que se habían vuelto en contra de la comunidad no podían marcharse hasta encontrar otro medio de vida en otro lugar, y los días se hacían interminables. Los Schultheis, junto con otros, contemplaron otras posibilidades de vida comunitaria; después de un tiempo encontraron un lugar adecuado en un antiguo hogar para niños en Gelnhausen. Pero su comunidad solo sobrevivió unos pocos meses y, sin duda, nada los unía más allá de su protesta contra nuestra forma de vida.

Mientras tanto, nuestro pequeño grupo se encargaba de preparar la comida para todos. Yo hacía la mayor parte, pero como no estaba acostumbrada a aquellas sopas aguadas y verdes que tomábamos con tanta frecuencia en aquellos años, intenté preparar un alimento más nutritivo, aunque en cantidades más pequeñas. Los otros pensaron que estaba intentando hacerlos pasar hambre. De inmediato, Eberhard me aconsejó que aumentara las porciones, y lo hice. Eso implicaba empezar a cocinar apenas terminada una comida, pero ¿qué más podíamos hacer? Más que nunca sentíamos la importancia de actuar de acuerdo con las palabras de Jesús en el sermón del monte, es decir, llevar la carga una milla más.

Nuestra situación —no tener comunidad, pero vivir juntos en la misma casa— se volvió más y más intolerable con el paso de los días. Entre aquellos que se quedaron con nosotros había varias mujeres jóvenes que no se nos habían acercado por algún deseo interno, sino porque simplemente necesitaban un lugar donde quedarse. Una había sido confiada a nuestro cuidado por la oficina de bienestar social; otra había llegado para tener a su bebé en un lugar seguro. Las dos esparcían rumores por la casa, lo que ciertamente no hacía la vida más fácil.

Un momento luminoso en aquellos días sombríos fue la visita de Ernst Ferdinand Klein, el tío con quien Eberhard había pasado las vacaciones de verano en 1899, y que había sido fundamental para su conversión ese mismo año. *Onkel* Ernst llegó desde Berlín con su esposa Lisbeth, para «experimentar el espíritu de Sannerz», y nosotros estábamos inquietos por lo que pudiera encontrar. Al principio, no tomó partido, y a su modo amoroso intentó traer reconciliación. Cuando eso no funcionó, ¡iba por la casa cada día, golpeando a cada puerta e invitando a todos a compartir las devociones matutinas! Sorprendentemente, todos asistían; nadie podía resistirse a un hombre tan encantador. Y vaya si ayudó a hacer la situación más llevadera.

Aunque entre las personas que planeaban irse había algunas muy agradables —personas que en alguna época habían sido profundamente conmovidas e inspiradas por la comunidad—, ahora emanaban un espíritu de odio. ¿Cómo podíamos ser tan tontos, tan torpemente determinados a continuar por el camino que habíamos reconocido, se preguntaban? Pero jamás habíamos considerado Sannerz un mero experimento, como aparentemente ellos habían hecho, un experimento para el que, según decían, «nuestra generación es demasiado débil, demasiado humana, demasiado egoísta». Para nosotros, se trataba de un llamamiento.

Aquí debo mencionar la liquidación de la editorial Neuwerk. Primero, los socios y accionistas se reunieron para dar por terminado oficialmente el trabajo editorial que, en su opinión, no había sido conducido de un modo serio. Luego, los libros fueron repartidos: los que se iban planeaban iniciar un sello propio y querían llevarse los libros más adecuados a ese fin, incluyendo *Junge Saat* («Semilla joven») los dos volúmenes de Blumhardt, nuestros títulos de Georg

Flemmig y otros. Y, por encima de todo, la revista *Das neue Werk*. Estábamos desconsolados. Fue un gesto de afecto de parte de nuestro querido viejo amigo Otto Herpel, que murió poco después, dejar el volumen de Zinzendorf con nosotros. Dijo: «Respetamos la fe de Eberhard, aunque no podamos compartirla». Sí, hasta él pensaba que los asuntos espirituales y materiales no debían mezclarse.

Al final de la reunión se votó para determinar si todos estaban de acuerdo en proceder con la liquidación. Parecía haber una aprobación unánime hasta que Eberhard se puso de pie y dijo: «¡Unánime con excepción de una voz! Yo no estoy de acuerdo. ¡Por favor, que quede registrado en actas!».

Finalmente, en octubre, el último de los miembros de nuestro hogar se marchó, y Sannerz quedó en silencio. Sin embargo, aún faltaba superar un gran obstáculo. Antes de partir, nuestros «amigos» habían ido a la oficina gubernamental de vivienda y declarado que la casa pronto quedaría vacía, que habría habitaciones disponibles para personas que necesitaran dónde vivir. (Aún había muchas personas sin hogar, incluso cuatro años después del final de la guerra).

Fuimos citados a comparecer ante el tribunal local de Schlüchtern. Los demandantes habían contratado a un abogado sagaz que presentó su caso de un modo muy agresivo, y el juez accedió a un plano de toda la casa donde se apreciaba la disposición de las habitaciones. Eberhard y yo estábamos bastante solos. Dejamos claro que la tarea de la comunidad no había finalizado, así como tampoco su trabajo social; solo se trataba de que algunas personas se habían marchado. También recordamos al tribunal que, si lo que realmente estaba en juego era una falta de alojamiento para ciudadanos sin hogar, estaba disponible el castillo cerca de Ramholz, que pertenecía a la nobleza local y estaba vacío casi todo el año. Finalmente, el juez dio su veredicto: la corte reconocía que la ley estaba de nuestra parte y, por lo tanto, se nos permitía continuar usando la casa en Sannerz para nuestras necesidades y para los propósitos de nuestra obra.

Cuando regresamos a casa, hubo un gran regocijo. Después de tantas penurias y de la desilusión de los meses pasados, después de que tantos amigos queridos que al principio habían compartido nuestro entusiasmo por un nuevo camino se marcharan, pudimos una vez más reconstruirnos. Y estábamos resueltos a hacerlo, con cada pizca de energía que tuviéramos. No se trataba, como algunos podían pensar, de que los «más débiles» o los «peores» se hubieran ido, y los «mejores» o los «más fuertes» hubieran quedado. De ningún modo sentíamos eso. Estábamos muy conscientes de nuestras propias fallas y deficiencias para la tarea que teníamos entre manos. Sin embargo, a pesar de nuestras limitaciones, *debíamos* continuar. Muchos años después, justo dos meses antes de su muerte, acontecida en noviembre de 1935, Eberhard se refirió a esa época del modo siguiente:

> Cuando por primera vez recibimos el llamamiento, sentimos que el espíritu de Cristo nos había encomendado vivir en comunidad plena, en solidaridad comunitaria, de puertas abiertas y con un corazón amoroso para todas las personas. La palabra de Jesucristo, la realidad de su vida y su espíritu nos daban la fuerza para iniciar ese camino y seguir adelante, a pesar de que nuestros pasos fueran pequeños y débiles. Solo habíamos transitado una corta distancia de ese camino cuando sobrevinieron horas que sometieron esa fuerza a examen, horas de prueba y hostilidad, cuando aquellos amigos que habíamos aprendido a amar profundamente de pronto se daban vuelta y se transformaban en enemigos, porque habían renegado de la libertad y la unidad y deseaban regresar a su vida común de clase media, a una «vida normal y privada» y a su propio dinero. El movimiento, por tanto, fue sometido de nuevo a la servidumbre por la influencia del capitalismo y su vida profesional y comercial.
>
> Sin embargo, a pesar de que la mayoría de nuestros amigos nos dejó y grupos enteros abandonaron la bandera de la unidad y la libertad, aunque personas con buenas intenciones nos advirtieron seriamente acerca de que ese camino iba a conducirnos a un final solitario e ineficaz, no fuimos disuadidos. Con nuestros propios hijos y con los que habíamos adoptado, debimos impulsarnos hacia el objetivo.

Fue por esa época cuando Eberhard y Else viajaron a Berlín para discutir la continuación de nuestro trabajo editorial. A su regreso trajeron con ellos a Hans Grimm, un niño de diez años que había perdido a su madre. En esos mismos días recibimos un telegrama que hacía referencia a nuestra hermana Olga en el que se nos preguntaba si podía ir a Sannerz. Olga había contraído tuberculosis un año y medio antes y se había quedado con nosotros en el verano de 1921, junto con Ruth, su hija adoptiva. Ahora parecía estar en las últimas etapas de su enfermedad.

Moni y yo viajamos de inmediato a Lippe (donde Olga vivía) y la encontramos muy enferma. Nos contó cuán duros habían sido para ella los años previos, y qué lucha había librado cuando se dio cuenta del poco tiempo que le quedaba. Pero había atravesado su depresión y ahora estaba llena de una gozosa anticipación de la eternidad. Anhelaba ver la «ciudad de las calles doradas», encontrarse con Jesús, los apóstoles, sus padres y otros seres queridos que habían muerto.

Era noviembre y Olga estaba triste porque nunca viviría otra primavera, la primavera terrenal con sus violetas, sus prímulas y otras flores silvestres. ¡Pero con cuánta impaciencia esperaba la primavera eterna! Estábamos profundamente conmovidos por su actitud de fe y la llevamos a casa. La pequeña Ruth viajó con nosotros; a partir de entonces fue parte de nuestra familia para siempre.

En Sannerz acomodamos a Olga en una habitación relativamente grande, con dos amplias ventanas que miraban al sur. La calefacción, sin embargo, era un problema. Como antes mencioné, toda nuestra leña había sido quemada de un modo negligente y, puesto que no teníamos dinero para comprar más, debimos recolectar lo que pudimos de la montaña Albing. Cada día, la mayor cantidad posible de nosotros salía a buscar combustible para todas las estufas; y había muchas de ellas. Hasta los niños ayudaban; al igual que con otras tareas, participaban con entusiasmo y empeño.

La madera no era buena —de hecho, casi toda estaba verde— y el fuego humeante que producía no ayudaba en nada a los pulmones de Olga. Sus accesos de tos y sus dificultades para respirar eran algo terrible de ver. Moni y yo hubiéramos preferido que estuviera en el hospital en Schlüchtern, donde las condiciones eran mejores, pero Olga no quería hablar de eso. Quería morir «en casa», rodeada por sus hermanas y nuestro pequeño círculo de creyentes.

Las últimas semanas con Olga fueron un gran desafío para todos nosotros. ¡Estaba tan cerca de la muerte y, sin embargo, tan cerca de la vida que dura eternamente! El Sr. Orth, quien era pastor principal de Schlüchtern, la visitó en sus últimos días y dijo: «Para ella, pasar al

Olga von Hollander (1882–1922), hermana de Emmy.

otro mundo es como dar un paso de una habitación a otra».

Algunas veces nos sentábamos junto a su cama en grupos pequeños —Else, Moni, Trudi, Hugga (Suse Hungar) Eberhard y yo— cantando antiguas y nuevas canciones de Adviento. Otras veces uno de nosotros se sentaba a solas con ella, escuchándola mientras contaba de su anhelo de redención del sufrimiento y su expectación de la gloria. Debido al peligro de contagio, la pequeña Ruth solo tenía permitido visitarla una vez al día. Cuando entraba, Olga la animaba en su estilo sencillo, expresándole su esperanza de que algún día Ruth encontrara el camino a Cristo.

La noche del 1° de diciembre, la última noche de Olga, me fui a la cama resfriada y con fiebre. Ruth y Emy-Margret estaban en la habitación contigua a la mía, y Olga en la habitación de arriba. De pronto, las dos niñas entraron y me dijeron que querían hablar conmigo. Mientras aún estábamos hablando, oí que la puerta de arriba era trancada. Supe, incluso antes de que mis hermanas pudieran decírmelo, que Olga había muerto.

Eberhard no había estado en casa durante varios días; estaba en Sonnefeld en aquel momento, reunido con Hans Klassen y su grupo de jóvenes bautistas inspirados, el grupo que tiempo después inició el asentamiento del llamado Neu-Sonnefelder Jugend (Jóvenes de Neu-Sonnefeld). Le enviamos un telegrama y regresó a casa rápidamente.

Dos días después de la muerte de Olga celebramos el primer domingo de Adviento. Las canciones que cantamos reflejaban nuestra experiencia, especialmente «¿Cómo te recibiré?», que cantábamos con gran emoción mientras pensábamos en nuestra querida hermana que yacía en su habitación. La canción de Otto Solomon «Mirad, hay una luz en el este» es otra que recuerdo haber cantado en aquella época. El funeral, que tuvo lugar en Ramholz, se llevó a cabo al otro día. Trasladamos el ataúd al cementerio en un carro de la granja decorado con sencillez.

Extrañábamos a Olga, pero su muerte no nos daba miedo. ¿Acaso no era una ida a casa con Cristo, y acaso no implicaba el poder de la resurrección? Morir era un duro recordatorio de la crisis que acabábamos de atravesar como comunidad: los poderes de la muerte habían intentado destruir un movimiento que había sido despertado a la vida, y casi lo habían logrado. Sin embargo, de esa lucha, con todo el dolor que supuso, habían surgido una esperanza y una fuerza nuevas, como un aire de primavera. Más que nunca nos sentíamos preparados para defender la causa a toda costa.

6

Un nuevo comienzo

Después de la crisis de 1922 nos habría gustado tener un poco de tiempo para nosotros, pero no nos dejaron solos. Muchas personas se acercaban por curiosidad, deseando saber cómo iban las cosas en Sannerz, mientras continuaban las críticas referidas a todo lo que había sucedido. Eso era así incluso lejos de casa. Antes, cuando íbamos a las conferencias, las personas estaban llenas de entusiasmo por lo que sabían de nuestra vida; ahora, cuando se enteraban de dónde veníamos, a menudo se apartaban rápidamente. Comentarios como «Sannerz es una gran mentira» o «Sannerz es nada más que una utopía idealista» fueron diseminados por todas partes y aceptados como un hecho. No podíamos refutar nada con palabras; nuestra única respuesta era invitar a nuestros detractores a ir y ver nuestra vida por ellos mismos antes de juzgarla. Mirando atrás, creo que es un milagro que hayamos sido capaces de continuar a pesar de todo.

Entre aquellos que vivían con nosotros en la casa por aquellos tiempos había varias mujeres solteras embarazadas, la mayoría de ellas pobres, que de algún modo se habían enterado de nuestra existencia. Una de ellas, Friedel, se había quedado en nuestra casa en Berlín por primera vez, y en 1920 la habíamos acogido por segunda vez después de que hubiera cumplido una pena de prisión por robar en un almacén. Ahora aparecía por tercera vez, esperando un bebé y necesitada de un lugar para vivir. Lamentablemente, los aldeanos en nuestro distrito mayoritariamente católico malinterpretaban nuestra hospitalidad en casos así, y eso no ayudaba a nuestra ya dudosa reputación.

A menudo se nos ha preguntado acerca de nuestra actitud ante ese tipo de alcance comunitario en aquellos primeros años. Para decirlo simplemente, hacíamos un esfuerzo por aceptar a todo aquel que acudía a nosotros en busca de ayuda. Moni era partera profesional y, por lo tanto, podía proveer asistencia médica, y todos la apoyábamos. No era un asunto de trabajo social; era un acto de amor.

En cuanto a los frutos de nuestros esfuerzos, prácticamente no había nada más que decepciones. Una vez que nuestras madres recuperaban sus fuerzas entre nosotros (sin costo para ellas, por supuesto) generalmente desaparecían con o sin el bebé. ¿Eso iba a detenernos en nuestra obra de amor? El asunto surgía una y otra vez, en parte debido a nuestra imagen como comunidad. Pero nosotros lo rechazábamos como una tentación, una cobardía. Sí, había poca gratitud por los dolores que asumíamos, pero nosotros no lo hacíamos para que nos dieran las gracias.

Continuaban llevándonos niños; los visitantes iban y venían, algunos buscando, otros meramente curiosos. Karl Keiderling (Roland, como lo llamábamos entonces) llegó justo a tiempo para ayudarnos a cosechar las últimas papas. También nos ayudó a recolectar leña del bosque, una necesidad diaria. En Navidad, Agnes, una líder juvenil, llegó con un pequeño grupo de muchachas para pasar una temporada. No fue una visita sencilla, pues teníamos la sensación de que lo que querían era observarnos y no experimentar algo con nosotros. En general, todo marchaba a ritmo más lento y tuvimos más tiempo para recogernos interiormente y redescubrir nuestro rumbo. El poema de Eberhard «Comienzo otra vez a vivir», al que nuestro amigo Walther Böhme musicalizó, expresa muy bien el estado de ánimo que teníamos.

En 1923 la editorial fue constituida de nuevo desde cero con el nombre de Eberhard Arnold Verlag. Aquellos que nos habían dejado se habían llevado con ellos el reconocido nombre Neuwerk, así como el logo. De los libros del período Neuwerk, solo conservamos el Zinzendorf de Otto Herpel, dos obras de teatro que Otto Salomon había traído con él, el libro de Goldstein sobre la raza y la pequeña antología de leyendas. Las cartas de Tolstói y el libro de Emil Engelhardt sobre el amor y el matrimonio estaban en imprenta en ese momento.

Teníamos pocos recursos, pero Kees Boeke nos había dicho que conserváramos el resto del dinero destinado al molino luego de haber cubierto los gastos de aquellos que se habían marchado, así que al menos teníamos algo. Fue también en esa época cuando, a través de nuestras conexiones con la Juventud Bautista, asumimos con ellos la publicación conjunta de la revista *Die Wegwarte*.

Lo más gratificante de todo fue la relación que se desarrolló con la editorial Hochweg en Berlín, lo que finalmente hizo posible cumplir el sueño de Eberhard de una serie de Quellen («fuentes») acerca de varias corrientes religiosas —y de los hombres y mujeres notables que las integraron— a lo largo de la historia.

Cada volumen que publicábamos significaba un enriquecimiento para todos nosotros al compartir el testimonio del tema tratado. Mientras clasificábamos papas en el sótano o hacíamos conservas, leíamos fragmentos del manuscrito en voz alta y todo el mundo se interesaba vivamente. Los autores de varios de los libros de la serie Quellen iban a visitarnos, lo que hacía posible que nos familiarizáramos más íntimamente con su trabajo: Alexander Beyer, autor del volumen sobre Francisco de Asís; Karl Justus Obenauer, autor de *Novalis*; Hermann Ulrich, que editó los *Diarios de Kierkegaard*; y Alfred Wiesenhuetter, editor de Jakob Böhme. A través de esto adquirimos una comprensión profunda del contexto histórico de esos libros. En el caso del libro de Eberhard, *Die ersten Christen* («Los cristianos primitivos»), todos participamos en el proceso de compilación seleccionando fragmentos de los materiales que él compartía con nosotros. (Dos libros de la serie Quellen que habíamos planeado publicar, pero que lamentablemente nunca fueron terminados, son el libro de Eberhard sobre los anabautistas de la no resistencia del siglo XVI y el volumen de Theo Spira sobre George Fox).

Puesto que desde mi temprana juventud había estado interesada en canciones e himnos religiosos y también había seleccionado la mayoría de las canciones que cantábamos juntos, me pidieron que preparara un repertorio de las canciones de Zinzendorf en su formato original a partir de los archivos moravos en Herrnhut. Iba a ser anexado al volumen sobre Zinzendorf escrito por Otto Herpel. Disfruté mucho ese trabajo. También compilé y edité el libro *Sonnenlieder* («Canciones del sol»), nuestra primera colección de canto comunitario. Implicó mucho trabajo, pero el proyecto significó para mí una gran alegría.

Los viajes que hicimos hasta la romántica y antigua ciudad de Wurzburgo, donde estaba la imprenta, fueron memorables y disfrutables. Mientras Eberhard y Else visitaban a los impresores, yo iba a hacer las compras: luego pasábamos varias horas en el café Zeissner leyendo juntos las pruebas de imprenta. ¡Era maravilloso!

Algo que nuevamente nos ocupó en 1923 —aunque desde el comienzo de nuestra vida en común había sido importante— fue la construcción de la comunidad de los niños. Los mayores —Emy-Margret, Hardy y Heinrich— no habían salido indemnes de la crisis del año anterior, y necesitaban nuestro amor y nuestra atención. Eran conscientes de los espíritus conflictivos que habían sacudido la casa, y del odio que había salido a la luz con expresiones como «Sannerz es solo una gran mentira. Debería ser destruida, completamente». Sabían, también, cómo su padre había sido personalmente difamado y atacado.

Como es obvio, la educación de nuestros hijos no se limitaba a las tareas escolares, sino que incluía otras actividades. En verano, por ejemplo, estaban las gloriosas excursiones para recolectar frutos del bosque, que hacíamos durante días enteros, recogiendo durante el día la cosecha que Dios nos daba y, por la noche, representando obras sencillas como *Das Wasser des Lebens* («El agua de la vida») para los

(*De izquierda a derecha*) Luise Kolb, Heinrich Arnold y Sophie Schwing, en Sannerz, década de 1920.

granjeros en cuyos cobertizos encontrábamos un lugar para dormir. Bajo el *Dorflinde* —el viejo tilo que solía haber en el centro de cada aldea— solíamos cantar las antiguas canciones acompañados de violines y guitarras. A cambio, los campesinos nos invitaban con pan, salchichas y huevos. Luego de dos o tres días llegaba un carro procedente de casa y se llevaba los baldes llenos de frutos que «Dios nos había dado sin necesidad de siembra», como Eberhard solía decir. La amistad de los campesinos, el trabajo y el canto junto con nuestros hijos, ¡todo era pura felicidad! Y la cosecha, que a veces ascendía a más de cincuenta kilos, era algo de lo que dependíamos.

A esa altura había quince o más niños en Sannerz, incluyendo a nuestros cinco hijos. Esos fueron los años de la «Tropa del Sol», un pequeño grupo iniciado por nuestro hijo Heinrich y sus compañeras de clase, Sophie y Luise. Los tres sentían el fuerte deseo de compartir su fe con otros niños en la aldea. Puesto que el mayor de esos niños no tenía más de once años, a veces teníamos ganas de contenerlos hasta que fueran más maduros. Eberhard y yo, sin embargo, no podíamos evitar regocijarnos con su entusiasmo infantil, que les hacía valorar lo que experimentaban en su corazón por encima de sus tareas escolares, sus quehaceres hogareños y todo lo demás. Nos recordaba el espíritu que debió haber animado las Cruzadas de los Niños, y el movimiento de renovación de los niños en tiempos de Zinzendorf.

Casi todos los niños de la edad de Heinrich se unieron a la Tropa del Sol. Portando su estandarte rojo, solían caminar hasta una tranquila pradera o hasta algún lugar en el bosque donde celebraban sus reuniones, conversaban, cantaban o leían juntos. A veces, se trataba de la Biblia o de una leyenda; otras, leían al místico *Meister* Eckhart cuyos textos Heinrich amaba especialmente. Hacían sus propios fogones y sus propias canciones, y no les agradaba cuando alguien fisgoneaba, aunque invitaban a unos y a otros a sus reuniones de vez en cuando. Heinrich puso aquel fervor en palabras en una canción infantil que escribió en aquella época:

Un fuego encenderemos
Con ganas y alegría.
Canciones cantaremos
Que el corazón sonría.

El fuego hacia Cristo arderá,
Un nuevo corazón traerá
Y alegre lejos brillará.

Otra favorita era una canción escrita por Emy-Margret en los días de la crisis de 1922:

Nuestros hermanos se aprestan a luchar,
Y en su pecho un fuego se enciende,
Marchan por ciudades y campos
Con gritos victoriosos y valientes.

Marchan con un santo impulso
Siembran la semilla del amor fraternal.
Luchan contra guerras y conflictos,
Luchan contra todos los pecados.

Con genuino gozo van marchando,
Con corazones claros y radiantes,
Y Jesucristo al frente de ellos marcha,
Y tras él corren todos los que pueden.

Marcel Woitzschach, un artista que hacía música en las cafeterías y que en aquella época estaba viviendo con nosotros, compuso una melodía para ese poema. Había sido atraído a nuestra vida de fraternidad, pero, desilusionado por nuestras peleas, se marchó tiempo después. Aunque sea triste decirlo, jamás volvimos a saber de él.

A medida que nuestra escuela crecía, también crecía nuestra necesidad de maestros. Trudi Dalgas y Suse Hungar habían estado con nosotros desde 1921; más adelante, Ludwig Wedel llegó a darnos una mano por un tiempo. Estaba influido por el misticismo oriental y, después de dejarnos viajó a India, donde vivió en un *áshram* durante varios años. Anneliese Dittrich, una maestra de Bremen, se nos unió tiempo después y también dio clases en nuestra escuela.

En 1923 Georg Barth nos visitó por primera vez. Formado en el diseño industrial, pero fuertemente influenciado por los místicos y por el movimiento juvenil contemporáneo, resultó muy enriquecedor para nuestro pequeño grupo. Georg había trabajado antes en un hogar para jóvenes que habían delinquido y ahora estaba dispuesto a enseñar a nuestros niños manualidades, así como a supervisar sus tareas prácticas. En 1925 llegó para quedarse.

La llegada de Adolf y Martha Braun y de sus dos hijas, Elfriede y Gertrud, fue un momento culminante de 1924. Era la primera familia que se nos unía desde la crisis de 1922. Adolf se había enterado de nuestra existencia al leer el libro de Eberhard, *Der Krieg: en Aufruf zur Innerlichkeit,* mientras estaba internado en un hospital del ejército en Constantinopla durante la Primera Guerra Mundial. Después de la guerra, ya de regreso en Alemania, había asistido a las conferencias públicas donde Eberhard había hablado y nos había visitado varias veces. Ahora, él y Martha habían decidido ir a vivir con nosotros para siempre: habían vendido su casa en Nordhausen y comprado unos billetes de tren hasta Schlüchtern.

El día de la llegada de los Braun, plenos de alegría y expectativa, fuimos a esperarlos a la estación en nuestro carro decorado con follaje y flores. Los niños más grandes llevaban antorchas. Ya antes se nos habían unido hombres y mujeres jóvenes, y estábamos agradecidos por cada uno de ellos. ¡Pero, finalmente, íbamos a tener a una familia que se atrevía a unirse a nuestra aventura! Otras dos personas llegaron provenientes de la iglesia de los Braun: Rose Meyer (más tarde,

Emmy conduciendo los caballos del carruaje, 1933. Un carro de granja como este llevó a los Braun a Sannerz, Alemania, en 1924.

Kaiser) y, unas semanas después, Lotte Henze.

En Sannerz, los Braun nos dijeron que, mientras estaban en la estación de Kassel, algunos «amigos» que nos habían dejado en 1922 habían intentado disuadirlos. Eso nos generó incluso más gratitud por tenerlos entre nosotros y porque podíamos confiar en ellos por completo.

En tanto Martha era un poquito «burguesa» al principio, Adolf pronto se sintió como en casa. Fiel a la idea de simplicidad del movimiento juvenil, solo quería lo más sencillo y, a pesar de que había llevado un camión cargado con sus muebles, solo deseaba quedarse con lo indispensable. En su opinión, unas pocas sillas y una caja para construir una mesa eran más que suficientes. El consejo de Adolf referido a varias y complejas situaciones financieras también fue de gran ayuda, así como su valor para pedir extensiones a los préstamos y postergaciones de plazos para pagar las cuentas. No pasó mucho antes de que le pidiéramos que formara parte del consejo ejecutivo de nuestra sociedad legal.

Eberhard y yo, Trudi y Else, y ahora Adolf éramos miembros de ese consejo. Aún recuerdo cómo, después de ocuparnos de los negocios en Schlüchtern o Fulda, los cinco nos tomábamos un tiempo para relajarnos juntos en un café. Especialmente, cuando habíamos estado tratando problemas financieros, aquellas horas de camaradería nos hacían sentir más unidos.

El dinero, sin embargo, no era nuestra principal preocupación en aquellos días, particularmente a la luz de las luchas internas que experimentamos después de 1922. Las personas se nos acercaban atormentadas —quizá incluso poseídas— por poderes demoníacos, y a menudo parecía que, cuanto más poderosamente actuaba el Espíritu Santo entre nosotros, más dura se volvía su lucha. Algunos eran liberados de la oscuridad que los asolaba de un modo suave y discreto. Pero había dos (uno era un huésped y el otro era un miembro de nuestro hogar) que estaban esclavizados por espíritus impuros, y su lucha era mucho más difícil. Eberhard y yo, así como otros, tomamos parte activamente en la lucha contra esos poderes.

Estábamos preocupados no solo por aquellas almas que llevaban una carga, por cuanto sentíamos que estábamos involucrados en una batalla de espíritus, el bien contra el mal. Tal como escribió el apóstol Pablo: «Porque nuestra lucha no es contra sangre ni carne, sino contra principados, contra autoridades, contra los gobernantes de estas tinieblas, contra espíritus de maldad en los lugares celestiales».

Oswald, un hombre fornido que solía llevar poca ropa, apareció de repente un día, con su cabello largo atado con un lazo rosa. Al principio, no le dimos mucha importancia a sus extraños hábitos, pero cuando de pronto se desnudó completamente durante un almuerzo comunitario y dijo «Para el puro todo es puro», supimos que estábamos lidiando con algo más que excentricidad y le pedimos que saliera de la habitación.

Más tarde, confrontamos a Oswald con su comportamiento y tomamos conciencia de cuán desgraciado y torturado era. Cuando Eberhard le preguntó si deseaba ser liberado de los espíritus impuros que sin duda lo tenían amarrado, replicó con una mueca diabólica: «¡No puedes hacerlo!». Eberhard se mantuvo firme: «Pero la iglesia puede». Al oír esto Oswald salió corriendo de la habitación mientras gritaba: «Tengo miedo; esto tiene que ver con la muerte y con el diablo. ¡Esto significa que debo morir!». Oswald corría tan rápidamente que nadie pudo alcanzarlo; no volvimos a saber de él.

Nuestra lucha con Lotte Henze, que por aquel entonces tenía dieciséis años, fue bastante diferente y mucho más intensa. Desde el comienzo, Lotte a menudo tenía una expresión particular, y era obvio que había algo inusual en ella. A decir verdad, había momentos en los que lucía bastante normal, pero en otros momentos había una mirada atormentada, casi maligna en su rostro.

Llegó el día en que Lotte respondió positivamente a nuestra vida, nos contó abiertamente de su infancia difícil e hizo preguntas de búsqueda que iban mucho más allá de su edad. Un momento después su comportamiento fue bastante diferente y comenzó a emitir palabras feas y llenas de odio. Eberhard estaba preocupado por ella y la destinamos a ayudarme con el trabajo, para que de ese modo yo pudiera apoyarla en los momentos difíciles.

Un día Lotte suplicó ser bautizada. Todos sentimos que eso iba a ayudarla y pronto comenzamos a reunirnos para prepararla para el bautismo. Nuestro hijo Heinrich formó parte también, al igual que Karl Keiderling, que recién había regresado a la comunidad después de un tiempo de ausencia. Al final, las reuniones solo resultaron en mayores conflictos internos para Lotte y decidimos posponer el bautismo, también para Heinrich y para Karl. Dejaré que las palabras de Eberhard (extraídas de una carta de abril de 1926 a un grupo de editores cristianos) hablen por sí mismas:

> Hemos atravesado momentos duros este invierno. Una de las luchas se debió a nuestra falta de dinero... y solo esa lucha ardua pudo haber consumido toda nuestra fuerza...
>
> La otra fue bastante más difícil, más funesta. Solo puedo explicar su naturaleza con unas pinceladas gruesas; pero no puedo contar los detalles aquí. Nos encontramos en medio de una lucha espiritual contra poderes oscuros que desarrollaron una fuerza tal como jamás habíamos visto... Ya habíamos estado frente a frente con poderes demoníacos y habíamos visto qué poder ejercían sobre las personas. Pero jamás nos había sucedido de un modo tan aterrador como sucedió este invierno. Debimos estar allí día y noche hasta que, después de semanas de luchar, la fuerza del poder hostil fue vencida.
>
> Fue de ayuda para nuestra pequeña comunidad tener el ejemplo de los primeros cristianos para revelar el poder que conquista a los demonios. La victoria otorgada a Johann Christoph Blumhardt en 1843 luego de su lucha contra los poderes demoníacos en su parroquia en Möttlingen también fue un estímulo para nosotros. Las manifestaciones siniestras y las blasfemias aterradoras, los estallidos y los delirios, la posesión de la persona atormentada por el poder maligno, el ataque a la fe de los creyentes, todo eso solo podía ser vencido en el nombre de Jesucristo, dando testimonio de su vida, desde su nacimiento de una virgen hasta sus palabras y hechos, su crucifixión y su resurrección.
>
> Solo por el poder y la autoridad del Espíritu Santo los poderes malignos pueden ser vencidos; un individuo no puede hacer nada. Solo la iglesia tiene la facultad para controlarlos, no importa cuán pequeño sea el puñado de creyentes que represente. Cuando esa autoridad es otorgada, los poderes demoníacos se ponen ansiosos y temerosos, y la persona poseída puede expresarlo a través de un desmayo, huyendo o escondiéndose. Cuando eso sucede, lo importante es resistir, creer en Cristo y desterrar completamente al poder maligno a través de él hasta que la persona poseída sea

**Miembros de Sannerz en una conferencia en Eisenach, Alemania, 1925.
Sentados al centro (*de izquierda a derecha*): Eberhard, su hija Emy-Margret,
Gertrud Dalgas y Monika von Hollander (*con la guitarra*).**

liberada y pueda por sí misma acudir a Cristo.

Dios nos dio esa victoria —fue una memorable víspera de Año Nuevo— y a través de ella, algunos encontraron una nueva fe (y una nueva comprensión de su propia pequeñez humana) como jamás habían tenido. Se hizo evidente que lo principal no era el individuo y su salvación, sino la lucha por la supremacía entre dos fuerzas espirituales. Era un conflicto entre Dios y Satanás, entre el único poder bueno, el poder del Espíritu Santo, y las fuerzas malignas de los demonios. Y, como nunca, tuvimos la certeza de que el reino de Dios es poder.

Las luchas se prolongaban durante semanas y, a menudo continuaban durante la noche, de manera tal que, cuando acababan, nos sentíamos exhaustos. Luego, en los meses siguientes (que eran quizá los más difíciles) la persona que había padecido un tormento así de indecible debía ser guiada de regreso a la fe, por cuanto, a pesar de todo lo que había sucedido, eso no estaba aún asegurado. Existían, además, dudas y recelos entre aquellos que se habían mantenido más valientemente aferrados a la fe durante los días más difíciles de lucha, porque la persona en cuestión sufría varias recaídas. . . Lamentablemente, nuestra atención acababa por enfocarse demasiado en esa persona y eso nos distraía de nuestro amor a Dios.

Ahora nuestra pequeña comunidad necesita ser fortalecida una vez más en horas de calma. . . de manera tal que Cristo pueda purificarnos y prepararnos. Aún estamos en medio de una lucha, pero se trata de la lucha para llegar a ser. Estamos en el comienzo de una nueva época.

Les pedimos con todo el corazón que tengan paciencia junto con nosotros en esta situación y, sobre todo, que continúen apoyándonos a través de su ayuda práctica y sus oraciones. Que Dios avive las llamas de la lucha definitiva en su iglesia en todas partes, y la conduzca a la victoria.

Su hermano, Eberhard Arnold

P.D.: Comprenderán que esta información es estrictamente confidencial y que la escribo solo porque confío en su amistad. Cuestiones de esta naturaleza deben ser mantenidas en reserva todo lo que sea posible.

Sí, aquellos días de intensa lucha una y otra vez nos recordaban la pelea de Blumhardt; y creíamos que Lotte sería parte de nuestra vida para siempre, del mismo modo que en su momento el atormentado Gottliebin se había vuelto parte del hogar de Blumhardt. Sin embargo, esto no fue concedido. Las luchas de Lotte no se reiteraron, al menos mientras estuvo con nosotros, pero luego de aproximadamente un año nos abandonó. Más tarde, solía regresar de vez en cuando para visitarnos. Una vez, con una niña y luego, a comienzos de 1930 nos enteramos de que la Gestapo la había arrestado por su involucramiento con los comunistas y la había enviado a un campo de concentración. Eso fue lo último que supimos de ella.

El Bruderhof del Rhön

Nuestra puerta permaneció abierta tanto para ingresar como para marcharse, y muchas personas vinieron y se fueron. Llegaba todo tipo de gente en busca de refugio. Una joven que había huido de su esposo buscó cobijo con nosotros; otro joven, requerido por la policía, de pronto desapareció tras un armario durante una de nuestras comidas comunitarias: a través de la ventana los había visto aproximarse. Una jovencita recorrió todo el camino desde Berlín debido a una desdichada relación amorosa a la que su padre había puesto fin. Había muchas razones para que las personas aparecieran en Sannerz, y no todas eran de naturaleza profunda.

A mediados de la década del veinte, varios jóvenes se nos unieron. Entre ellos, Alfred Gneiting, Arno Martin, Hans Zumpe, Fritz Kleiner y Kurt Zimmermann. Todos ellos se quedaron con nosotros para siempre. Otros nos dieron una mano durante un tiempo, pero se cansaron de las adversidades de nuestra vida. Los vagabundos —«hermanos del camino», como les decíamos— a menudo también aparecían. Durante varios años después de la guerra el desempleo estuvo muy extendido en Alemania, y muchos se vieron obligados a vivir en los caminos, a la pesca de una jornada laboral allí donde pudiera surgir.

Nuestro hogar creció y llegamos a ser unos cincuenta. Sannerz nos quedó demasiado pequeño y, a pesar de que no teníamos dinero, nos vimos forzados a comenzar la búsqueda de una nueva propiedad. No pasó mucho antes de que oyéramos hablar de un lugar llamado Sparhof —una granja de importantes dimensiones, pero con una tierra poco productiva—, a pocos kilómetros de distancia. Era un sitio aislado, con suelo rocoso, y los campesinos locales no tenían una buena reputación, pero eso no nos atemorizó. ¿Acaso no habíamos salido siempre en busca de los pobres?

El "Hansehof" en 1926, año en que el Bruderhof lo compró y le dio el nombre de "Bruderhof del Rhön".

El Sparhof estaba conformado por varias fincas, la más grande de las cuales —conocida como Hansehof— comprendía unas treinta hectáreas. La propiedad había cambiado de manos muchas veces debido a deudas y fallecimientos, los edificios estaban en ruinas y los campos, abandonados. Además de eso, había otros condicionamientos: la pareja que vivía en la granja tenía derecho a quedarse allí de por vida. A pesar de todo, fue el único lugar que ofrecía alguna posibilidad y el precio que nos pedían por él era accesible: 26 000 marcos.

Incluso en ese estado decadente, la granja no estaba lejos de Sannerz, lo que constituía un importante punto a su favor. No teníamos idea acerca de dónde sacaríamos los 10 000 marcos necesarios para el anticipo, ni cómo podríamos recaudar el dinero para refaccionar y agrandar la casa principal, que estaba completamente inhabitable. Pero estábamos deseosos de construir un «monumento» a la vida comunitaria, como Eberhard dijo, y el trabajo no nos atemorizaba. Si el paso era el correcto, debíamos darlo, y hacerlo con fe. Decidimos comprar el lugar.

En el otoño de 1926 la comunidad nos envió Eberhard y a mí para que habláramos con los propietarios, así que viajamos hasta Fulda, con la esperanza de que fuera posible firmar el contrato. Else y yo nos sentamos a una mesa del café Hesse y allí esperamos que Eberhard regresara de la oficina del notario. Cuando vino a levantar nuestras firmas, titubeé y me pregunté en voz alta cómo era posible que firmáramos sin tener ni un penique de los 10 000 marcos que necesitaríamos para el anticipo en un lapso de diez días. Como es natural, le habíamos comentado acerca del plan a unos amigos y esperábamos alguna donación aquí y allá, pero no conocíamos a nadie que pudiera proporcionarnos una suma así. Sin embargo, Eberhard se mantuvo firme: «¡Este es un paso dado con fe!».

La fecha de pago se acercaba y aún no había aparecido el dinero. Entonces, el último día antes de que se venciera el plazo, un amigo, el príncipe de Schönburg-Waldenburg, nos entregó 10 000 marcos. ¡Nuestro júbilo no tenía límite! Nos reunimos todos en la casa y cantamos una canción de alabanza y agradecimiento tras otra.

Ahora debíamos abordar los problemas prácticos. Las formalidades necesarias tales como el traspaso del título ya estaban dispuestas, pero había muchas otras cosas que debían ser planeadas. Primero, consideramos la siguiente cosecha de papas —nuestro alimento básico para el invierno— y decidimos que los alumnos y los maestros se harían cargo de ella. Luego conformamos un comité de remodelación y construcción del edificio, liderado por Georg Barth. Adolf Braun (y, más tarde, Arno Martin) fue el encargado del trabajo en la granja, incluyendo el arado. Mientras tanto, hasta que el alojamiento estuviera disponible, la editorial y los niños más pequeños permanecerían en Sannerz. Se les solicitó a Adolf y Martha Braun que se hicieran cargo del nuevo lugar que denominamos Bruderhof del Rhön,[3] y Gertrud Ziebarth (apellido de casada, Dyroff) fue enviada para ayudarlos. Gertrud se nos había unido un tiempo antes y sirvió fielmente a la comunidad hasta su inesperada muerte en 1939, luego del nacimiento de su tercer hijo.

El primer grupo de adultos (y niños de doce años en adelante) se mudó al nuevo Bruderhof a tiempo para la cosecha de papas. Ya era noviembre, soplaban los cortantes vientos del norte y había lluvia y niebla, así que debieron trabajar con rapidez para vencer la primera helada fuerte. Martha, Moni o yo solíamos salir con los niños y llevábamos bebidas calientes a aquellos que trabajaban en

---

3 Bruderhof (en alemán, «el lugar de los hermanos») fue el término empleado por los huteritas de la Europa del siglo XVI para denominar a sus establecimientos comunitarios.

el campo durante todo el día. Cuando las manos y los pies de los niños se enfriaban demasiado, interrumpíamos el trabajo para danzar en ronda. Por las noches, extendíamos paja en el suelo de una de las habitaciones y dormíamos sobre ella. También instalamos una pequeña estufa de hierro, aunque debimos extraer el conducto a través de una ventana porque no había una chimenea adecuada. Al menos, adentro estaba más seco, aunque no mucho más calentito.

Mientras desenterrábamos papas en un campo, el contiguo estaba siendo arado en preparación para la primavera. Nuestro equipamiento agrícola estaba en mal estado y necesitaba reparaciones continuas. Afortunadamente, contábamos con un herrero, Fritz Kleiner, cuyo entusiasmo lo convertía en el hombre perfecto para esa tarea.

Además de Georg, nuestro equipo de construcción consistía principalmente en amigos del movimiento de jóvenes y de la clase obrera. Construir sin el dinero ni los materiales suficientes no era fácil. En primer lugar, teníamos que talar árboles; luego debíamos intercambiar la madera, que obviamente aún estaba verde e inutilizable, por madera seca. Esto se hacía en Veitsteinbach, la aldea más cercana. La arcilla para los ladrillos secados al sol, que nosotros elaborábamos, debía ser acarreada desde Mittelkalbach, lo que significaba un viaje de una hora colina abajo y uno que tomaba más tiempo al regresar colina arriba. El acarreo se hacía con dos viejos caballos que habíamos recibido junto con la adquisición de la granja. Durante el día nos valíamos de esos caballos para arar o para trasladar muebles y equipamiento desde Sannerz. De noche también los manteníamos atareados al hacerlos transportar colina arriba cargas y cargas de materiales para la construcción. No fue una sorpresa que uno de ellos muriera poco después y que el otro enfermara y simplemente se rehusara a continuar.

Los caballos que compramos después, de raza prusiano oriental, más livianos, también sintieron la sobrecarga. Enganchados a una calesa ligera, que habíamos equipado momentáneamente para exhibir libros y panfletos, los empleábamos para salir en misión y para transportar personas hasta y desde las aldeas vecinas. También eran empleados para ir hasta las estaciones de tren: Sterbfritz, a aproximadamente una hora y media de distancia o Neuhof, un poco más lejos. A veces, incluso los empleábamos para tirar del pequeño carruaje hasta Fulda, a unos treinta y dos kilómetros, pues más a menudo de lo que deseábamos, no teníamos dinero para el tren. Si alguien necesitaba efectivo para moverse en la ciudad, antes debía vender libros, panfletos o pequeñas artesanías como candelabros de madera, nacimientos y marcadores de libros.

Aún recuerdo un viaje que Else y yo hicimos un año, justo antes de Navidad: Else conducía y habíamos llevado el dinero justo para comprarnos una taza de café caliente en el camino. Lamentablemente, Freia, nuestra yegua, decidió hacer huelga cuando habíamos recorrido la mitad del trayecto hacia Fulda, se acostó en medio del camino y se negó a responder tanto a las palabras de estímulo como a los chasquidos del látigo. Simplemente no se levantó. Solo cuando le dimos a beber nuestro café, accedió gentilmente a levantarse y a transportarnos a lo largo de los restantes diecinueve kilómetros hasta Fulda. Sí, algunos días podían ser extenuantes, pero una pequeña dosis de humor ayudaba a aliviar los momentos difíciles.

Tanto en la comunidad del Bruderhof de Sannerz como en la del Rhön la comida era muy pobre, y no es sorprendente que los jóvenes que trabajaban en las tareas de construcción a menudo estuvieran completamente exhaustos. Todo escaseaba y las pocas provisiones que comprábamos debían ser divididas entre ambas comunidades. La carne no abundaba y las raciones de pan, manteca de cerdo y azúcar no eran suficientes. Las papas eran nuestro alimento básico, pero una gran cantidad de ellas había sufrido la helada debido a la cosecha tardía, lo que les daba un gusto dulzón. Comimos la carne dura de una vieja vaca y había gran cantidad de chucrut a disposición. Pero, en general, no había grasa en la dieta. Todos hubieran podido comer más, y los hombres que hacían trabajos en la casa a la fría intemperie, estaban especialmente hambrientos. Algunas veces estaban tan famélicos que llegaron a matar un gato (un «conejo de tejado», como bromeaban los campesinos).

Eberhard y yo pasábamos dos o tres días a la semana en la granja. Solíamos llegar hasta allí conduciendo un trineo, lo que era bastante placentero, pero a veces la niebla y la nieve eran tan espesas, que no podíamos encontrar el camino. Varias veces conducíamos en círculos hasta que uno de los constructores o de los hombres que trabajaban

Los equipos en mal estado y la tierra rocosa hicieron del arado una tarea ardua en el Bruderhof del Rhön, particularmente para caballos sobrecargados y hombres malnutridos.

en los campos oía nuestros gritos. En una ocasión, la nieve era tan profunda, que nos salimos completamente del camino. Para empeorar las cosas, oscurecía temprano y entonces ya no veíamos nada.

Nuestra presencia era necesaria por muchos motivos: infundir ánimo, sostener charlas personales, conciliar disputas o ayudar allí donde hubiera falta de comunicación entre los equipos de tareas. A menudo, esos problemas estaban relacionados con nuestras dificultades financieras y en esos casos lo mejor parecía ser sobreponerse a ellos entonando canciones. Cantábamos canciones humorísticas y de esperanza, así como las antiguas canciones socialistas como aquella que decía en una de sus estrofas: «Estamos unidos por el amor, estamos unidos por la necesidad / Para luchar por el pan y por la libertad».

A pesar de nuestra pobreza, algunos de nuestros compañeros de tareas más jóvenes tenían una enorme dosis de idealismo. Aun así, eso no siempre resultaba suficiente para superar todas las adversidades. De ahí que varios nos abandonaran. Mirando atrás no creo que solo fuera por las dificultades externas. Construir una nueva vida

Bailando alrededor del mayo en el Bruderhof del Rhön, 1927. El hecho constante de ser pobres nunca previno las celebraciones.

implicaba varias demandas internas para todos nosotros; y el propio Jesús dijo: «Cualquiera de vosotros que no renuncie a *todas* las cosas que posee, no puede ser mi discípulo».

Durante ese tiempo extenuante nuestra pequeña escuela continuó funcionando tan bien como fue posible, y los maestros incluso se dieron tiempo para montar una obra de Navidad con los niños. El trabajo editorial también siguió adelante, por supuesto, al igual que nuestros esfuerzos de divulgación. Durante la última semana de diciembre, fuimos sede de una conferencia de la Juventud Alemana Libre, y un día todos fuimos caminando hasta la nueva sede del Bruderhof para tener ahí una reunión.

En definitiva, no era sencillo estar separados en dos grupos: los malentendidos surgían y debían ser resueltos en reuniones donde se discutían los asuntos. ¡Una vida en común, una vida compartiendo y trabajando juntos! Incluso después de todos estos años; simplemente creo que es un misterio.

Finalmente, en el verano de 1927 aquellos de nosotros que nos habíamos quedado en Sannerz pudimos mudarnos al Bruderhof del Rhön. Fue un éxodo feliz, primero para los quince niños que habían quedado y unas semanas después para el equipo editorial. ¡Qué felices estábamos por encontrarnos de nuevo en *un* lugar! Aún nos faltaban habitaciones y algunos debían vivir en cuartos provisionales en un granero cercano. Pero ¿qué importaba? Era verano y disfrutábamos viviendo en la naturaleza.

Ese otoño celebramos el compromiso de Georg Barth y Monika von Hollander, el primero en nuestra comunidad y una ocasión para hacer muchas bromas y divertirse, en especial, los jóvenes. En la mañana siguiente al anuncio del compromiso, todas las puertas y ventanas fueron decoradas con corazones rojos y se oyó la antigua canción de amor «¿Quién viene por la pradera?», a la que espontáneamente se le añadían nuevas estrofas.

La boda se celebró el 4 de diciembre de 1927. A pesar de nuestra gran pobreza —el plato principal consistió en sopa con fideos—, fue una celebración gozosa. En un candelabro de siete brazos que el mismo Georg había fabricado ardían unas velas navideñas rojas, y tanto la ceremonia de la boda como la siguiente celebración con café y *stollen* fueron muy festivas. Los huéspedes habían sido invitados y, entre ellos, acudió Hilde, la hermana de Georg.

En lugar de los tradicionales votos eclesiásticos, la pareja respondió unas preguntas tomadas de Zinzendorf. Sus palabras acerca del significado del amor dejaron una honda impresión en todos los asistentes.

«¿Qué misterio especial tiene la iglesia de Dios?».

«El matrimonio».

«¿Qué simboliza el misterio del matrimonio?».

«Es un símbolo de Cristo y la iglesia».

Mientras sostenía una vela roja ardiente, Emy-Margret recitó un himno de Metodio mártir, «Oh, vírgenes del cielo» con su estribillo «Me consagro a Ti / Y portando una brillante lámpara / Voy, Esposo, a tu encuentro». Rose Meyer recitó el poema de Zinzendorf, «Nos amamos sinceramente», que incluye una estrofa que siempre me ha gustado de un modo especial:

Oh, iglesia, danos todo tu amor ardiente,
Con poderes consagrados;
De la eternidad Dios te eligió para amar,

Y es bueno que tu corazón acoja
A quienes te aman y a quienes te odian.

Moni era varios años mayor que Georg, pero parada allí, vistiendo su vestido blanco de pana, con una corona de mirtos en el cabello, lucía más joven que nunca.

Después de las festividades, la pareja partió rumbo a una breve luna de miel en Wurzburgo, esa bella ciudad antigua, tan rica en historia y tesoros arquitectónicos inspirados en la reverencia a María. El viaje de los Barth solo fue posible gracias a algunos sacrificios; como de costumbre, nuestras finanzas eran exiguas y estábamos fuertemente endeudados. Los pagarés ya habían vencido y era necesario extender el crédito. Y Else, que fue quien debió poner en orden los documentos necesarios, lo hizo justo a tiempo para la celebración.

Siempre recordaré la siguiente temporada de Navidad —la primera que pasábamos en el Bruderhof del Rhön— como una muy especial. Además de la habitual escena del nacimiento, montamos una obra en la que Georg hacía el personaje de Simón y yo, la de Ana. Estaban, además, las canciones navideñas nuevas y viejas, y la esperanza que cada año llenaba nuestro corazón. ¡Cuánto ansiábamos el Adviento final, la segunda venida de Cristo cuando la paz, la alegría y la justicia reinarán para todas las personas!

El período entre el 25 de diciembre y el 1° de enero era conocido entre nosotros en aquellos días como el tiempo «entre los años», y lo empleábamos en reuniones de aclaración y renovación. Aquellas cosas que habían alterado la paz entre los individuos o en la comunidad en general eran resueltas, y otros asuntos similares eran arreglados. Era también un tiempo para revisar los hechos del año transcurrido y mirar hacia el futuro. En años posteriores, cuando el trabajo en la granja y en la construcción se volvía muy apremiante, solíamos decirnos unos a otros «Tendremos que hablar más sobre esto bajo el árbol de Navidad».

Ese diciembre, justo «entre los años» 1927 y 1928, Ursula Keiderling, que tenía once meses, falleció. La bebé estaba jugando felizmente en su cama y al minuto siguiente su madre Irmgard, que había dejado la habitación durante unos minutos, regresó y encontró la habitación llena de humo (habían dejado un atado de leña húmeda secándose cerca de la estufa) y a la niña que respiraba con dificultad. En las siguientes veinticuatro horas permanecimos junto a la cama de la niña. Nuestro corazón estaba lleno de ansiedad. La noche siguiente, causándonos gran impacto y pena, la niña nos fue arrebatada por la muerte.

Luego de que el cuerpito fue llevado a la oficina de la editorial, se instaló un pequeño abeto con velas encendidas. Más tarde nos reunimos en torno a él y cantamos una canción de cuna tras otra: «Sh, sh, sh, que Jesús se va a dormir» y «Acunemos al tierno niño». Un verso de la canción, «El viento sopla suave montaña abajo» adquirió un significado especial para nosotros:

> Mira al cielo el Bebé justo al despertar
> Hombres, alegraos; ángeles, cantad.
> Pecado, dolor y muerte ya no duran
> ¡Sea Dios amado y alabado en las alturas!

El 31 de diciembre, Eberhard y yo fuimos a Fulda, con la esperanza de obtener autorización para que el sepelio fuera en nuestras tierras. Lamentablemente, llegamos demasiado tarde a la oficina de quien debía concedernos dicho permiso, y el plan no funcionó. Al final, trasladamos el cuerpito al cementerio católico en Veitsteinbach, donde se nos permitió celebrar nuestro propio servicio. Así fue como aquel año terminó de una manera dura, aunque, al mismo tiempo, la cercanía de la eternidad nos unió.

> En medio de la vida nos rodea
> La más oscura muerte
> ¿A quién iremos en busca de ayuda?
> ¿Dónde hallaremos misericordia?
> ¡Solo en ti, oh, Dios!

Después de 1922 hubo un largo período en el que tuvimos entre nuestras filas menos hombres que mujeres. Por ese motivo, cuando el último día de 1927 dos jóvenes compañeros de trabajo, Hans Zumpe y Fritz Kleiner, manifestaron públicamente su intención de comprometerse de por vida con nuestro camino común, todos nos sentimos muy contentos. ¡Qué estímulo para el nuevo año significó eso! Arno Martin había tomado la misma decisión un poco antes, así que ahora teníamos tres nuevos hermanos capaces de asumir mayores responsabilidades en la comunidad.

Los años 1928 y 1929 trajeron nuevas batallas contra el espíritu de las riquezas y los poderes de la enfermedad. Con respecto a nuestras finanzas, la vieja historia de Sannerz se repetía aquí: los pagarés se vencían y no podíamos cubrirlos, y dos o tres de nosotros estaban constantemente viajando en un esfuerzo por lograr que se nos extendiera el crédito. Eso era muy costoso, tanto por el tiempo que insumía como por las altas tasas de interés. Herr Schreiner, el *sheriff* local, iba casi todos los viernes a confiscar una pieza de mobiliario (o una vaca o un cerdo), y lo hacía adhiriéndole un «cuclillo» (una etiqueta de emisión gubernamental que lucía el águila alemana). Eberhard bromeaba y decía que el *sheriff* no iba a tener que esperar un año (como sí debían los huéspedes que deseaban unirse a nuestra comunidad) antes de volverse miembro. Después de todo, ¡era nuestro huésped cada semana! En determinado momento, un tribunal llegó a amenazar con rematar toda la propiedad. Esos problemas obstaculizaban nuestra capacidad para crecer con la velocidad que hubiéramos querido, pero jamás enfriaron nuestra convicción. Dios nos había confiado una tarea y el trabajo debía avanzar.

Desde sus días universitarios, Eberhard se había sentido fascinado por los anabautistas radicales del período de la Reforma, y a finales de los veinte ese interés volvió a absorberlo no solo a él, sino a todos nosotros. Estábamos especialmente ansiosos por saber todo lo posible acerca de los huteritas del siglo XVI, por cuanto los orígenes de sus asentamientos comunitarios se ajustaban a los nuestros de muchas maneras. Eberhard estudió la historia de las bases económicas de sus comunidades, y durante las comidas y reuniones comunitarias leíamos sus textos espirituales y los relatos de sus mártires.

A medida que íbamos obteniendo más información extraída de bibliotecas y archivos acerca de los huteritas primitivos, nos íbamos dando cuenta de cuántos aspectos de su vida eran similares a los nuestros: leíamos sobre sus «órdenes» para la vida comunitaria, sus altos estándares de higiene y —al menos en lo que respecta al siglo XVI— sus prácticas educativas progresistas. Eso no significaba que deseáramos copiarlos o imitarlos. Sin embargo, cuanto más descubríamos, más cerca a ellos nos sentíamos.

En esencia, ya contábamos con los «servicios» esenciales de una comunidad huterita tradicional. Teníamos a un siervo de la Palabra (pastor), aunque no lo llamábamos de ese modo; teníamos a un hermano que se ocupaba de los asuntos de negocios y financieros, y a otro que se ocupaba del trabajo. Teníamos, también, una diaconisa, una enfermera, una hermana ocupada en las tareas prácticas, un director de escuela y varios maestros. Esas tareas no habían sido designadas como tales, sino que simplemente habían ido surgiendo de nuestra vida juntos. Pero el espíritu era el mismo y nos llamaba a dar el mismo testimonio en nuestros días.

Unos años antes habíamos descubierto que los huteritas aún existían en América del Norte, pero jamás habíamos entablado contacto. Un día, durante una charla en la oficina editorial, Fritz me preguntó: «¿Qué es exactamente lo que nos detiene de trabajar junto con ellos?». Dos cosas se hicieron evidentes en las conversaciones que siguieron a aquella. Primero: sentíamos intensamente que todos los que vivían en una comunidad de fe y trabajo, tanto en el pasado como en el presente, debían integrar las mismas filas. Segundo: una vez más se ratificó que Eberhard, Else y yo jamás habíamos tenido la intención de «fundar» un movimiento que fuera nuestro.

No pasó mucho antes de que se tomaran medidas para relacionarnos de una manera más concreta con los huteritas. Redactamos un documento en el que manifestábamos que nos sentíamos llamados al mismo tipo de discipulado al que ellos se habían sentido llamados cuatrocientos años antes, y que deseábamos unirnos a ellos. Eberhard envió la carta a un tal Elias Walter que vivía en una comunidad en Alberta, y aguardamos su respuesta ansiosamente. Cuando, después de un largo tiempo, llegó un sobre, nos sentimos un poco sombríos: solo contenía unos cuadernillos escritos por Andreas Ehrenpreis, un viejo anabautista del siglo XVII. Sin embargo, tiempo después, recibimos un breve acuse de recibo de nuestro documento. En 1929, las cartas comenzaron a circular con más regularidad y, como resultado de esa correspondencia, Eberhard fue invitado a visitar las comunidades huteritas de Canadá, lo que hizo en 1930.

Al mismo tiempo que se desarrollaba un diálogo con los huteritas, aquella energía que había alentado a tantos de nuestros compañeros alemanes a buscar una nueva vida en los años de la posguerra estaba extinguiéndose. Sí, el Espíritu permanecía vivo en algunos círculos, como los de Neu-Sonnefeld y Eisenach y aún había grupos similares en Suiza, Holanda e Inglaterra.

Pero también unas cuantas cosas salieron mal, especialmente en los *Siedlungen* o asentamientos comunitarios que salpicaban la campiña. Muchas comunidades se disolvieron como resultado de la desilusión, las relaciones eróticas o el fanatismo. Nunca faltó el idealismo radical, pero lamentablemente, la mayoría de las personas no estaba preparada para llevar sus teorías a la práctica.

El liderazgo fue un problema crítico en el movimiento juvenil: en algunos grupos todos deseaban determinar su propio estilo de vida, su propio trabajo. Algunos creían que nadie debía solicitarle a otro que hiciera un trabajo específico y que la libertad consistía en el derecho de cada uno a hacer lo que deseara y cuando se le diera la gana. Las personas ansiaban la comunidad y, aun así, no era infrecuente oír comentarios tales como: «Hemos trabajado bajo el azote por demasiado tiempo» o «No nos hemos unido a un asentamiento solo para que otros nos den órdenes» o incluso «No reconocemos ninguna autoridad aquí». También en nuestro Bruderhof, el asunto de la libertad y su auténtico significado era un tema habitual en las reuniones.

Los huéspedes continuaban llegando, y nos sentíamos agradecidos por cada uno que se quedaba. Katrin Ebner, una campesina de las cercanías, llegó a nosotros con su bebé, Anna, y pronto se convirtió en miembro con compromiso pleno. Fue la única persona proveniente de una vecindad cercana que se nos unió. Gretel Knott (apellido de casada, Gneiting), una maestra de kindergarten, se nos unió en 1928, otra maravillosa incorporación a nuestra comunidad.

En aquellos años recibimos la visita de varios comunistas. Algunos de ellos se sintieron asombrados por lo que encontraron. Nos llamaban *Edelkommunisten* («comunistas nobles»), y decían que nuestra vida encarnaba sus más profundos ideales filosóficos. Otros nos abandonaban indignados, especialmente por nuestro rechazo a la violencia. Esos nos decían: «Cuando el comunismo domine la tierra, vamos a ahorcarlos primero a ustedes». Eberhard expresó nuestra creencia de que, en tanto seguidores del camino de Jesús, jamás podíamos recurrir a la violencia; aun así, continuamos compartiendo nuestra convicción acerca de que el comunismo y el socialismo tenían un mensaje vital para el mundo, y especialmente para los llamados cristianos. La religión institucional solo era un escollo, pues entre las iglesias establecidas no había una que no hubiera hecho causa común con la riqueza y el poder terrenal. «Y, si los discípulos están en silencio, las mismas piedras gritarán».

Huéspedes provenientes de círculos nacionalistas llegaban a nosotros. Recuerdo las largas discusiones con ellos acerca del asunto del interés nacional por encima del interés personal, y acerca de *Volksgemeinschaft* («comunidad nacional»), un concepto que los nazis volverían familiar a su modo particularmente retorcido en los años siguientes. Aunque buscábamos los puntos en común con esos huéspedes, surgían discusiones acaloradas.

La creciente popularidad de las ideas nacionalistas sostenidas por hombres como Hitler puede ser parcialmente comprendida en el contexto de ese tiempo. En efecto, la guerra había terminado hacía mucho, pero los alemanes aún sufrían la devastación económica de la derrota. La comida escaseaba y los precios estaban altos; los artículos importados eran inaccesibles y las altas tasas de desempleo creaban malestar en las grandes ciudades. (Debo rendir homenaje a la ayuda que los cuáqueros ingleses brindaron en tantos hospitales, escuelas, orfanatos y residencias de ancianos a lo largo de aquellos años difíciles). La inflación no era lo que había sido en los peores años, 1923 y 1924, pero el papel moneda aún estaba devaluado. No es de extrañar que, con todas estas penurias, las personas buscaran un líder que restaurara el orden en el país, y que poco les importaran sus tendencias políticas.

A medida que el tiempo pasaba, más niños necesitados llegaban a nosotros. Un día la policía nos preguntó si acogeríamos a un niño de dos años que había sido abandonado. Lo habían encontrado en una bolsa que colgaba de un árbol junto al camino, con la siguiente nota:

«Quienquiera que encuentre a este niño, puede quedárselo». Adolf y Martha Braun (que tenían dos hijas propias) incorporaron al niño a su familia.

Erhard (como lo llamaron) no había recibido atención, estaba lleno de piojos, tenía sarna y desnutrición. Sin embargo, bajo los cuidados de Martha, pronto mejoró. A medida que crecía, le notamos una cierta agitación, una urgencia por vagar y deambular. A veces, incluso desaparecía, aunque nunca por mucho tiempo. Desafortunadamente, poco después de que Hitler tomara el poder, un hombre oscuro y moreno apareció un día en su bicicleta y, exhibiendo un documento oficial, afirmó ser el padre del niño. ¿Qué podíamos hacer? El extraño se llevó a Erhard con él y fue la última vez que vimos al muchacho.

También estaba «Ulala», otro niño que los gitanos nos trajeron cuando aún era un bebé. Moni crio a Ulala y lo amó tiernamente, pero también nos fue arrebatado por la familia cuando creció. Vivían en un carromato en un área pobre cerca de Fulda y fuimos hasta allí en un esfuerzo por recuperar al niño, pero fue en vano. Más tarde supimos que había muerto en una institución católica.

Walter tenía un año y medio cuando su madre lo llevó con nosotros debido a ciertas circunstancias familiares desgraciadas. Lo incorporamos a nuestra propia familia y Else lo cuidó devotamente. Luego de un tiempo regresó con su madre, pero Else logró traerlo de vuelta y adoptarlo legalmente.

Mientras tanto, nuestros propios hijos estaban creciendo y comenzamos a explorar la posibilidad de ampliar su educación fuera del Bruderhof. En primer lugar, queríamos que encontraran una actividad u oficio que les permitiera el sustento cuando fueran adultos. Más importante incluso, queríamos que cada uno tomara una decisión independiente con respecto a su futuro. No deseábamos unos compañeros sosos y tibios para el camino estrecho que habíamos elegido, ni en nuestra familia ni entre los niños que habíamos incorporado y criado.

Para empezar, Emy-Margret iniciaría su formación para ser maestra de kindergarten en una institución Froebel de Thale, en las montañas Harz. Hardy se fue a Bieberstein, un internado donde se enseñaban tareas agrícolas y oficios tanto como asignaturas académicas. Y Hans Grimm fue aprendiz de carpintero durante tres años. Había otros, por supuesto, pero solo hasta 1933, cuando la represión nazi puso un final a todo aquello.

Durante los primeros años en el Bruderhof del Rhön todos estábamos involucrados en las labores agrícolas. Contábamos con un jardinero profesional —Walter Hüssy, un socialista religioso que se nos unió en 1929 proveniente de Suiza—, pero solo podía lidiar con ese trabajo, que era mucho. El Sparhof había sido abandonado por mucho tiempo y la tierra estaba tan empobrecida, que la agricultura jamás proporcionaba lo suficiente para el sustento.

Las hortalizas maduraban tarde debido a la elevada altitud del Rhön y los vientos fríos imperantes, y las papas se terminaban en primavera, después de lo cual nuestra comida siempre era especialmente escasa hasta que llegaba la siguiente cosecha. Cultivábamos nuestro propio trigo, pero apenas alcanzaba para cubrir los seis meses entre el otoño y la primavera. Además, no teníamos dinero para comprar pan. Aún recuerdo cómo, luego de que un huésped donó cincuenta marcos, ¡de inmediato enviamos a uno de los niños a la aldea para que comprara pan! En los cumpleaños, una hogaza reemplazaba la torta, y muchos la preferían.

En una «carta a nuestros huéspedes» de 1928, una especie de reglamento del hogar que se le entregaba a cada visitante, sugeríamos a cualquiera que insistiera en comer pan que se lo autoproveyera, pues nuestra cosecha era pobre y no podíamos prometer alimento suficiente, ni siquiera para nuestros miembros. A algunos les costaba aceptarlo. La simplicidad, decían, era algo que podían aceptar. Pero ¿el pan? Era una necesidad básica y seguramente no era mucho pedir tener algo a disposición. A veces las cosas eran simplemente así.

En una de nuestras canciones favoritas («Aramos nuestros campos»), en lugar de los versos que dicen «Los pájaros mantiene / Con prodigioso afán / Con paternal cariño / Da el cotidiano pan», cantábamos «A todos Él mantiene / Con prodigioso afán / Con pastura a los niños / Y al ganado con pan». En realidad, no se trataba de una broma. Mientras las vacas eran alimentadas con tanto grano como era posible para asegurar la buena calidad de la leche, el resto de nosotros debía contentarse comida tras comida con un plato de espinacas silvestres.

Cuando (por primera vez después de muchos años) tuvimos cerdos para carnear y pudimos añadir su carne a nuestra dieta, muchos padecieron malestar estomacal. Sencillamente, ya no estábamos habituados a la carne.

La salud de varios miembros era frágil y no solo debido a la malnutrición. Else, que había perdido la mitad de su estómago en una operación, padecía tuberculosis, al igual que Emy-Margret. Durante un período especialmente malo, los médicos le dieron a Else apenas unos días de vida. Sin embargo, cuando rezamos por ella, se recuperó y, antes de que nos diéramos cuenta, ya había regresado a su trabajo y asumido su agenda completa como secretaria de Eberhard.

Para mejorar nuestra prolongada situación alimenticia, decidimos plantar cortavientos en la colina que estaba tras nuestras casas, donde solo había un brezal. En el otoño de 1932, con la ayuda de un grupo de jóvenes bautistas que llegaron para ofrecerse como personal de un «campamento de trabajo», acondicionamos cientos de retoños de abetos y alerces. También plantamos cerezos, ciruelos y manzanos.

El comedor del Bruderhof del Rhön decorado para el primer domingo de Adviento, 1930. Fue iluminado con los candelabros de siete ramos que colgaban del techo.

A pesar de las dificultades de esos años, nuestra comunidad de niños había crecido, y en 1928 ya habíamos construido una nueva casa para ellos. Gracias a un funcionario local amistoso, el Administrador de Distrito von Gagern, pudimos recibir del gobierno un favorable préstamo a largo plazo destinado a construcción. Georg diseñó los planos y Fritz supervisó la ejecución. El día que, finalmente, pusimos la piedra fundamental (en el sitio donde estaban las ruinas de un viejo granero), había un gran entusiasmo y toda la comunidad se reunió para celebrar. ¡Qué alegría fue ver elevarse las paredes de nuestra primera casa construida por nosotros en nuestra tierra, sin importar la escasez de dinero!

Para la inauguración de la casa de los niños invitamos a funcionarios de Kassel y Fulda. Resultó ser el día que la corte había previsto para rematar nuestra propiedad, pero afortunadamente la resolución fue revertida en el último minuto gracias a un inesperado regalo de 5 000 francos suizos que hizo un amigo. Aún recuerdo la canción que cantamos en esa ceremonia de inauguración, la antigua balada estudiantil alemana, «Construimos una casa majestuosa y fuerte», con su valiente visión del futuro, sin importar las adversidades:

> Aunque la casa esté en ruinas
> El daño no es preocupación
> El Espíritu vive entre nosotros
> Y Dios es nuestro bastión.

Unos cuatro años antes, Eberhard había compartido un sueño con nuestro círculo: visualizaba el día en que todas las personas —industriales, profesionales, trabajadores, maestros, lavanderas y los más pobres entre los pobres— llegaran a nosotros en una gran procesión, todas deseosas de vivir en comunidad. Eberhard no solo esperaba ese día; creía con firmeza que llegaría. Por lo tanto, nuestra tarea principal, decía, era hacer lugar para todas esas personas, construir un hogar futuro para ellas.

Al principio, yo no podía comprenderlo. Sí, estábamos planeando comprar algún día las siete granjas que integraban el Sparhof y mejorarlas poco a poco. Pero incluso después de que esto se lograra, no veía cómo podríamos alojar y mantener a una cantidad mayor a docientas o docientas cincuenta personas. Por otra parte, Eberhard

(De izquierda a derecha) Emmy, Luise Kolb, Monika Arnold, Else von Hollander y su hijo adoptivo Walter pasan el tiempo cerca de la casa de los niños, recién construida, Bruderhof del Rhön, 1930.

no tenía paciencia para esas preocupaciones: su visión del futuro nacía de la fe, no de proyecciones y cálculos humanos. Yo me sentía a veces como el cazador de una canción folclórica popular que dice: «No puedo seguirte en tus saltos largos y altos». Mencioné esto en una reunión, para que todos pudieran saber cómo me sentía, y en la comida siguiente, cantaron este estribillo una y otra vez para fastidiarme: «Hu-sa-sa, trala-la-la / ¡No puedo seguirte en tus saltos largos y altos!». Tiempo después, durante una visita a la madre de mi esposo en Breslavia, pudimos hablar del asunto con detalle y Eberhard y yo llegamos a un completo entendimiento. Jamás olvidaré esas animadas charlas mientras caminábamos en el parque.

En esos años de construcción, durante nuestras reuniones a menudo leíamos acerca del mover del Espíritu en los siglos pasados. Cuanto más nos empapábamos de la Reforma Radical del siglo XVI, más nos atraía. Sentíamos un espíritu comunitario que penetraba cada aspecto de la vida y se extendía a la lucha por paz, justicia e igualdad. Los escritos de Hans Denck, Balthasar Hubmaier y otros anabautistas nos cautivaban especialmente, así como también los de Thomas Münzer, un destacado luchador por el sufrimiento de las personas de su tiempo. Para nosotros, Münzer no se diferenciaba de los líderes del movimiento de la clase trabajadora en nuestro propio tiempo, hombres como Hermann Kutter, Leonard Ragaz y (hasta su muerte en 1919) Gustav Landauer.

Al igual que los anabautistas primitivos —y al igual que esos radicales contemporáneos— no sentíamos que protestar fuera suficiente, aunque también lo hacíamos. (Después de que Walter Rathenau y Kurt Eisner fueron asesinados, por ejemplo, participamos en marchas y mítines contra el asesinato político).[4] Estábamos determinados a encontrar respuestas positivas a las crisis de nuestra época, y una y otra vez las encontramos en la construcción de una vida de fraternidad para todos los hombres y mujeres.

---

4 Kurt Eisner (n. 1867), socialista, Presidente de Bavaria, asesinado en 1919; Walter Rathenau (n. 1867), Secretario de Estado de Alemania, asesinado por radicales de derecha en 1922.

8

El viaje a América

El momento de viajar a América del Norte se acercaba. Eberhard estaba intercambiando correspondencia con los huteritas de Dakota del Sur y Manitoba, y nuestro pequeño círculo estaba deseoso de enviarlo —quizá también a otra persona—para una visita de seis meses. Desde el principio sentimos reverencia por sus cuatro siglos de vida comunitaria; y, como ya he dicho, las muchas cosas que leíamos sobre su historia nos hacían sentir unidos a ellos.

Luego de la crisis de 1922 a menudo nos habíamos sentido aislados, aunque las personas continuaban incorporándose a nuestra comunidad, y abrigábamos la esperanza de que, a través de nuestro contacto con el movimiento huterita, se nos abrirían nuevos horizontes. También estaban nuestros apuros financieros permanentes y nuestra esperanza de que los huteritas norteamericanos desearan compartir con hermanos creyentes. Aunque algunas de las cartas suyas que recibíamos nos estimulaban en ese sentido, otras eran decepcionantes, por lo que no sabíamos qué esperar de ese viaje. ¿Los huteritas actuales aún estarían guiados por el mismo espíritu de comunismo radical basado en la fe de sus antepasados?

Una de las características de nuestra vida en aquellos años era que nada se lograba sin lucha, y así fue con ese viaje a América. A principios de 1930, Eberhard padeció una severa inflamación en el ojo derecho del que estaba prácticamente ciego. Se lo había lastimado muchos años antes en un accidente de esquí y de nuevo en Sannerz, cuando una astilla voló hasta él mientras cortaba leña y le causó un desprendimiento de retina.

En mayo, justo antes de la partida de Eberhard desde Alemania, el ojo volvió a inflamarse. A pesar de eso, continuó preparando su viaje, especialmente estudiando con más profundidad su creciente colección de antiguos textos huteritas. El ojo empeoró y yo insistí en llevar a Eberhard al médico. Cuando estábamos ahí, me llamaron al consultorio y me sugirieron que impidiera que mi esposo emprendiera un viaje así de largo con un ojo en tan mal estado. Eberhard no quiso oír hablar de eso. «¡Déjame ir!», suplicó. «¡Siempre nos hemos atrevido a todo con fe!».

El día antes de marcharse Eberhard bautizó a nueve miembros nuevos en un manantial que había en nuestro bosque. La mañana siguiente Else y yo lo acompañamos hasta Fulda, donde nos encontramos con nuestro hijo Hardy, quien había viajado desde Bieberstein para despedir a su padre. Y así se puso en camino.

Despedida en la estación de Fulda, mayo de 1930. Eberhard tiene el ojo vendado y Emmy ha estado llorando. Sin acceso a un teléfono, América del Norte parecía tan lejos, desde Europa, como la luna.

Como es natural, todos estábamos ansiosos por enterarnos de lo que Eberhard encontraría en las comunidades huteritas. Desafortunadamente, aunque recibimos decenas de cartas suyas, demoraban mucho tiempo en llegar. En esos días el correo transatlántico solo funcionaba por vía marítima y solía tomar varias semanas. Los telegramas eran costosos e infrecuentes. A menudo nos sentíamos completamente desconectados.

No escribiré aquí acerca de los huteritas y nuestro contacto con ellos, pues las palabras de Eberhard narran mejor lo que experimentó[5]. Los fragmentos siguientes fueron extraídos de cartas que me envió:

A bordo del S.S. Karlsruhe, 1 y 2 de junio de 1930.

Se supone que mi ojo habrá sanado cuando lleguemos a Nueva York. Estoy tratándolo con esmero y tengo fe en Cristo, quien desea que la luz interior sea buena para que sea luz para el cuerpo,

---

5 Para obtener un relato completo del año que Eberhard pasó entre los huteritas en Canadá, así como de la historia de su relación con el Bruderhof tal como está documentada en los diarios y cartas de Eberhard, ver el libro *Brothers Unite* (Farmington, PA: Plough, 1988).

y el ojo exterior para el camino. El reino siempre debe ser lo primero para nosotros.

Chicago, 18 de junio de 1930.

Finalmente, mi ojo ha mejorado tanto que hoy casi no he sentido dolor. En Nueva York y en Scottdale, Pensilvania, el amor de los muy fieles, muy puntuales y muy sinceros menonitas me ha dejado sin tiempo e incluso sin fuerza para escribir. Así que me escabullí en un hotel caro. Estoy pasando el día en mi habitación, sin intención de salir en absoluto, para pensar y escribirles con calma a ti, a los niños y a todo el fiel Bruderhof, y también para cuidar de mi ojo.

Los servicios de la iglesia menonita duran varias horas y son increíblemente animados. Leen fragmentos enormemente largos de la Biblia. La última hora —exactamente sesenta minutos—me fue concedida. Como mensaje para los menonitas, elegí nuestro tema especial: el acontecimiento de Pentecostés en Jerusalén con todas sus consecuencias. Puse un fuerte énfasis en el evangelio de Cristo y luego hablé acerca del amor y la comunidad totales, donde todo pertenece a Dios y a la comunidad del Espíritu. A expreso pedido de ellos, luego les conté acerca de mi desarrollo personal, de ti y de Halle, Leipzig y Berlín. Di testimonio del sermón del monte e intenté despertar su conciencia religiosa social.

Al final les conté sobre Sannerz y el Bruderhof del Rhön, y sobre la comunidad de niños, enfatizando que no era mi tarea dar testimonio de nuestro Bruderhof, sino que nuestro Bruderhof debe dar testimonio del derramamiento del Espíritu Santo, con todas sus consecuencias. Terminé recitando la canción de Emy-Margret. Con las palabras finales, «Y Jesucristo al frente de ellos marcha / Y tras él corren todos los que pueden», *corrí* de vuelta a mi asiento y una risa jubilosa cerró la charla.

Según John Horsch [un historiador y amigo menonita de los huteritas que ayudó a hacer los arreglos para los planes de viaje de Eberhard] no debería ser difícil para mí comprender el idioma de los huteritas. Su dialecto tirolés-bávaro no será un problema, pero mi alemán demasiado abstracto puede resultar difícil para ellos. Bueno, quizá regrese a casa como un simple campesino, también en mi forma de hablar.

También me contó muchas cosas buenas acerca de los líderes de los huteritas. . . Es cierto que uno de ellos, David Hofer de

Rockport, ha sido cauteloso y frío con respecto a mi inminente visita a las comunidades, pero eso puede deberse a mis expectativas de recaudar fondos. Aparentemente, David estima que financiar un Bruderhof lleva USD 250 000 , lo que significa más de un millón de marcos. ¡Puedo entender por qué podría estar preocupado por eso! Esperemos que pueda encontrar la manera correcta. ¡Pero lo principal es nuestro testimonio de la unidad en el Espíritu!

Harold Bender escribió una buena carta a los huteritas en nuestro nombre, en la que compartía sus impresiones acerca de nosotros. Nos llama verdaderos bautistas en el sentido huterita, y describe nuestra pobreza y nuestra vida comunitaria; escribe acerca de nuestro rechazo al liberalismo moderno y acerca de nuestro biblicismo, el cual, según él concuerda, está alejado del pietismo y es más un asunto de convicción honesta. Dijo que con nosotros hay hechos tanto como palabras, y esto lo conmueve profundamente.

Tabor, Dakota del Sur, 24 de junio de 1930.

Los hermanos y hermanas son muy amables conmigo y les envían su cariño. El espíritu y la realidad del huterismo actual superan ampliamente mis expectativas. Hay una relación viva con Dios, y una fe profunda en el Espíritu Santo y en la redención de Cristo. Todos están al tanto de la necesidad de la iglesia de que el Espíritu Santo venga a nosotros y nos hable una y otra vez. La buena disciplina se mantiene hablando abiertamente, no por la espalda. El gozo y la alegría son constantemente manifestados a través de bromas bienintencionadas y, a un nivel más profundo, citando palabras de fe tomadas de la Biblia, de proverbios populares o de experiencias pasadas. La simplicidad de la vida aún está bastante pura. Por ejemplo, en ningún Bruderhof hay un auto, ni nadie desea comprar uno. Las personas de más edad, pero también los jóvenes, encuentran una alegría profunda en su vida y en el fuego llameante del primer amor que conduce a la comunidad. Aun así, me cuesta entender su riqueza material.

Wolf Creek, Dakota del Sur, 15 de julio de 1930.

El doctor ha estado tratando mi ojo durante semanas, pero aún no me ha permitido leer ni escribir. . . Pero creo que el tiempo no se ha perdido. Desde mi cama experimenté de un modo especial la vida cotidiana de las personas que viven aquí, y pude asimilar y reflexionar sobre todo lo que se cruzó en mi camino. La fe de los huteritas es real y genuina. Está profundamente arraigada en el corazón de todos. No quieren —no pueden—vivir de otro modo que no sea en comunidad. El olvido práctico del yo en servicio de la comunidad es mucho más fuerte que el nuestro. La seriedad del divino testimonio de la verdad es fuerte incluso entre los miembros más simples. Su vida de oración es conmovedora. Me emocionó particularmente en ocasión de ser huésped de Michel Waldner y dormir en su habitación: vi al viejo hombre orando en la oscuridad junto a su gran cofre de madera, las rodillas dobladas, las manos elevadas a Dios ante su cara con una dignidad y una devoción maravillosas. Es la actitud de oración cristiana primitiva. . .

América no ha atravesado el trance de una guerra mundial ni de una revolución, y la conciencia social de las personas no ha despertado. No hay un sentido del reino de Dios y su justicia, y uno predica a oídos sordos. La riqueza reina indiscutida tanto sobre los religiosos como los no religiosos. De todos modos, los huteritas son conscientes de su falta de alcance misionero. Quizá por esto esperan más de nosotros de lo que tenemos para dar. . . David (Hofer) dijo hace poco: «Si Arnold ha venido desde Alemania para buscar lo que teníamos en los viejos tiempos, estará muy insatisfecho con nosotros, aunque solo sea debido a nuestras grandes posesiones en tierra y dinero». Está muy afligido acerca del modo en que las cosas se han desarrollado. . .

Rockport, Dakota del Sur, 26 de julio de 1930.

Mi tarea aquí es demasiado grande como para llevarla a cabo en un lapso breve. Sabes que por naturaleza no soy lento para cumplir mis deberes una vez asumidos, especialmente ante la inminencia de una necesidad apremiante. ¡Pero mi celeridad para actuar no siempre ha sido algo bueno!

Lake Byron, Dakota del Sur, 5 de agosto de 1930.

La confirmación de mi liderazgo como un siervo huterita de la Palabra (pastor) se aproxima. Cuando pienso en los doce artículos del credo apostólico y en el trascendental texto de Peter Riedemann, *Rechenschafft unserer Religion, Leer vnd Glaubens* («Informe de nuestra religión, doctrina y fe»), siento mi propia debilidad y mi condición de pecador con tanta fuerza, que me gustaría ver a alguien más de nuestro círculo en mi posición. Pero no me atrevo a eludirlo.

Winnipeg, Manitoba, agosto de 1930.

Peter Hofer [un ministro huterita] repite que el despertar, la vitalización y la unificación del huterismo americano deberán manifestarse en nosotros. Y Joseph, el más joven de los Kleinsasser [otro ministro] enfatiza —quizá demasiado—que mi visita y nuestro «nuevo fervor» tienen gran importancia para ellos. Joseph Kleinsasser, el anciano del grupo, reconoce que nuestro comienzo es correcto, especialmente en aquellas áreas donde piensa que somos más radicales, y más huteritas, que su propia gente. Pero está en contra de forzar el establecimiento de lazos formales. . . . Es un hombre de fe, del Espíritu, un hombre que realmente parece depender completamente de Dios.

Winnipeg, 25 de agosto de 1930.

Las promesas de ayuda financiera que he podido confirmar. . . aún son contadas. David Hofer de James Valley y Joseph Waldner de Huron, dos de los representantes más importantes del movimiento, sienten que hemos sido suficientemente examinados y probados por el hecho de que hemos perdurado varios años y preservado nuestras órdenes. Son entusiastas acerca de nuestro fundamento y creen que para mi confirmación solo necesito responder las preguntas prescritas por su orden.

Varias noches he sostenido discusiones abiertas con miembros de varias comunidades, que se han prolongado hasta la noche, a veces hasta la una de la madrugada. Es en esas instancias que recibo las impresiones más fuertes de la fe, el amor y la firmeza de los hermanos y hermanas. Todos toman parte en estas discusiones y están deseosos de escuchar cualquier cosa que pueda contarles acerca de ustedes.

Winnipeg, 4 de setiembre de 1930.

No puedo describirte la profunda alegría que sentí cuando leí tus maravillosas cartas. Ojalá pudiera responderlas todas. . . A diferencia de lo que sucede en Alemania, las personas mayores aquí son en su mayoría mucho más animadas. Pero muchos de los adultos jóvenes comienzan su larga búsqueda para alcanzar la misma profundidad de fe solo en el bautismo. . . Hay problemas concretos entre los jóvenes, y no creo que los temores acerca de un deterioro amenazante sean infundados.

El amor y la gratitud con los que he sido bienvenido aquí son prueba de un anhelo, de fe y de vida palpitante. Me siento avergonzado cuando las personas dicen que yo debería ser el líder para todas las comunidades, de manera tal de aunarlas y guiarlas en la misión. Sé muy bien que sería la persona equivocada para esto. . .

Todos dicen: «Oras por la misión, pero tu Bruderhof con sus huéspedes es la misión». Su comprensión de la misión es buscar a los «fervorosos» —y solo a ellos—para desafiarlos, reunirlos y llevarlos a casa. David Hofer de Rockport dijo: «Si la iglesia está en lo correcto, entonces habrá misión. Si no, no la habrá». Las personas aquí creen que deberíamos quedarnos en Alemania mientras podamos mantener nuestro fervor, y en la medida que las autoridades educativas y otras agencias del gobierno no obstaculicen nuestros esfuerzos. . .

En pocas palabras, déjenme decir que incluso los huteritas de la actualidad, con todas sus debilidades, son tan excepcionales en su vida comunitaria casi perfecta, su simplicidad y su modestia, que hasta donde sabemos no existe nada en Europa que siquiera se les aproxime. Todo lo que esperábamos del Movimiento de Fraternidad, el movimiento juvenil y los socialistas religiosos puede ser encontrado aquí, aunque, una vez más, como con todo grupo, hay innegables signos de debilidad.

Cardston, Alberta, 2 de octubre de 1930.

Hoy es 2 de octubre. En un día así, de 1899, tuve el primer encuentro consciente con nuestro Salvador y Redentor Jesucristo. En esa época, también tú, una niña, ya estabas profundamente impresionada por nuestro amado Jesús, y te entregaste a él completamente. Tengo confianza en que la unión con los huteritas nos traerá a ti, a mí y a todos nosotros la realización del anhelo de fe de tantos años.

Lethbridge, Alberta, 8 de octubre de 1930.

Ahora estoy atravesando lo que predijiste: que no sería capaz de soportar por mucho tiempo estar lejos de ti, de nuestros hijos, nuestro hogar y nuestros queridos, fieles hermanos y hermanas. . . Pero puedo y voy a resistir.

Aquí en Lethbridge, como en todas partes, los huteritas son muy cariñosos, demuestran interés y sienten afecto por nuestra causa. Y, aun así, hasta el día de hoy, apenas puedo hablar de la necesidad acuciante de nuestra situación financiera, una necesidad que aquí es desconocida. Todos tienen la opinión, con esa conocida firmeza rígida de los huteritas, que las cosas del espíritu deben venir antes, y solo después, las temporales pueden ser consideradas. Cada vez que puedo hacerlo sin herir nuestra causa, saco a relucir el asunto de los USD 25 000 que me gustaría llevar a casa para Navidad. La ingenuidad huterita responde con una mirada sincera: «¿Tanto de golpe?»

Lethbridge, 23 de octubre de 1930.

A esta altura estarás preocupada (pues no he escrito desde hace mucho) y, en efecto, ha sido mi ojo otra vez. El tratamiento costó toda una semana y USD 35.

Quiero visitar de nuevo las comunidades, más lentamente esta vez. Si voy demasiado rápido, inmediatamente siento que mi ojo se sobrecarga, ¡especialmente si debo compartir una cama con el viejo Andreas [un ministro de edad avanzada]! Al mismo tiempo, me siento rodeado y abrumado por todo el amor. Me preocupa que esperen demasiado de mí. Por otra parte, me están dando abundantes textos antiguos para llevar a casa, los que serán de gran ayuda para nosotros en nuestra tarea editorial.

Milford, Alberta, octubre-noviembre de 1930.

Hoy voy a viajar a una comunidad cerca de Wilson. Lo haré en un coche cerrado, pues viajar en un vagón abierto con un viento fuerte no le ha hecho nada bien a mi ojo. Como podrán imaginar, el entusiasmo de todos los hermanos y hermanas que se amontonan en torno a mí en cada lugar no me deja ni un minuto libre. Esto no es una queja. Como dice Johannes Wurz, debemos agradecer a Dios que un despertar así haya sucedido durante mi visita, de la cual muchos (aunque no todos) esperan una renovación espiritual. . . La peor parte es que mi fecha de partida ha sido puesta en duda debido a unas solicitudes urgentes de Elias Walter. Por favor, no hagas nada para entorpecer esto. Cada fibra en mí me urge a volver a casa, pero el objetivo de este viaje costoso y extenuante no debe ser puesto en peligro por nuestra impaciencia y nuestro anhelo.

Emmy llevando un vestido huterita, enviado por Eberhard desde Canadá, octubre de 1930.

Crow's Nest, Columbia Británica, 30 de noviembre de 1930.

Apenas puedo soportar estar más tiempo separado de ti, y tan lejos del amado círculo de nuestros antiguos y nuevos compañeros de lucha, del espíritu y la vida tan singulares de nuestro Bruderhof. En casi todas las comunidades las reuniones han sido maravillosas, con horas de atención y entusiasmo ininterrumpidos. Se me requiere tanto, que ni en Lethbridge, Macleod, Cardston, Calgary, ni aun en los lugares más pequeños, he tenido ni siquiera medio día de descanso para escribir sin que me encontraran y me condujeran a otro sitio. ¡Los hermanos y hermanas se sienten ofendidos con facilidad si un «huésped que viene de tan lejos, y uno que vive en comunidad real» no tiene tiempo para una charla fraterna!

Montañas rocosas, 26 de noviembre de 1930.

Cuán feliz, cuán alegre me siento por la guía clara que has recibido del Espíritu Santo durante todos estos meses. ¡Cuán fielmente has respondido a los hermanos y hermanas de las comunidades alguna vez guiadas por Jakob Hutter con el resplandeciente fuego del amor y con una disciplina igualmente ardorosa! Del mismo modo, has aceptado valientemente sus reconocidas tradiciones y órdenes, con un mínimo cuestionamiento, lo que, humanamente hablando, hubiera sido bastante comprensible. Y ahora, tienes un auténtico tesoro de textos que irradian el Espíritu, decenas y decenas de libros, folletos y volantes escritos a mano, entre los cuales más de cincuenta son piezas muy antiguas. Pocas, si acaso alguna de las comunidades aquí, tienen una colección de antiguos manuscritos tan preciosa como esa.

El amor de los hermanos hacia nosotros es tan grande que seguramente no nos decepcionarán con respecto a nuestros requerimientos de ayuda financiera. Sin embargo, debido a su constante esmero, todo esto tomará tiempo. . . Ten la certeza de que regresaré a casa tan pronto sea posible, apenas mi tarea de encontrar unidad y apoyo para mi servicio y para la economía del Bruderhof esté completa, al menos hasta cierto punto.

Tengan confianza en que serán guiados a través de todo esto en unidad a través del Espíritu de Dios. Tengan el corazón abierto y estén listos unos para otros. ¡Regocíjense unos en otros! Tienen todos los motivos para esto. Junto con su juventud en Dios, preserven su sentimiento de pureza y unidad en el Espíritu. ¡Pero siéntanse libres y permanezcan libres de la susceptibilidad, de la preocupación de ser tratados de manera diferente a otros, también en sus deberes y servicios! No hay una verdadera causa para esto.

Regocíjense en ser todos diferentes, y no intenten hacer de las cualidades especiales de cada uno algo igual y uniforme; eso solo las paralizaría y extinguiría. La comunidad está viva solo cuando hay reciprocidad viva. Por lo tanto, regocíjense en su diversidad y jamás se ofendan. . . Sí, hay cosas que jamás pueden ser permitidas: egoísmo, mezquindad, chismorreo, envidia, celos, miedo y preocupación. Del mismo modo que el egoísmo y la imposición de la voluntad propia, no causan más que daño y pérdida. Pero nadie tiene tan pocos dones como para volverse completamente inútil a través de su preocupación en esas trivialidades. Les ruego que perseveren y se mantengan juntos en unidad, amor y alegría. No pierdan ni una sola reunión en discusiones que serían innecesarias si se mantuvieran juntos más fiel, confiada y agradecidamente. . .

Les pido encarecidamente: cumplan su responsabilidad santa y grande con firmeza, como una luz que arde en sus manos. ¡En aras de esta luz, no permitan que se los presione, afecte o derribe! Entonces, el resplandor de sus llamas ardientes brillará, llegará a mí como en una visión, me fortalecerá y me conducirá de regreso con todo lo que ustedes necesitan. Saben que la encarnación del Creador y su palabra de amor, las palabras y el trabajo de Jesús a través del derramamiento de su Espíritu son la fuerza en la que pueden hacer todo.

Por lo tanto, no permitan que ningún espíritu ajeno, oscuro, confuso o apático ingrese entre ustedes, sus familiares, amigos nuevos y viejos u otros visitantes. No dejen que nada surja entre ustedes, ni la menor cosa que ofenda a Jesucristo, su redención del mundo, su humildad en el pesebre y en la cruz, su Espíritu derramado de unidad y pureza.

Lethbridge, con ocasión de la Navidad y de tu cumpleaños.

Nuestros sacrificios finalmente están dando frutos. Dios, que todo lo guía, ha utilizado incluso mi ojo infectado para conmover a los hermanos, de manera tal que finalmente están abriendo sus corazones cautelosos a la causa que se nos ha confiado en Alemania. . . Y, de este modo, te estoy escribiendo como un verdadero hermano huterita.

El 9 de diciembre, los hermanos decidieron unánimemente aceptarme e incorporarme a la iglesia huterita. Te escribiré sobre esto en detalle tan pronto como mi confirmación como siervo de la Palabra haya acontecido [17 de diciembre]. . .

El hecho de que haya sido incorporado como miembro debería significar que seremos cuidados como hermanos y hermanas, que el tiempo de pedir limosna terminará y que el tiempo de desarrollo y misión debería comenzar.

Debido a la inyección para el tratamiento de mi ojo, no puedo seguir escribiendo hoy. Que Dios permita mi pronto regreso, y que sea con respuestas a las muchas necesidades de nuestro Bruderhof.

Hasta el momento, lo siguiente ha sido dispuesto y planeado: cada comunidad sin deudas contribuirá con USD 1000 a nuestra causa; y cada comunidad con deudas menores, con USD 500. Las comunidades completamente endeudadas no deberán contribuir. Además de esto, cruzarán el océano treinta caballos de tiro y quince vacas lecheras, todos de calidad superior.

Stand Off, Alberta, 25 y 31 de diciembre de 1930.

No tengo otra opción que viajar de nuevo a través de las comunidades de Alberta para juntar las sumas que necesitamos. Será muy extenuante para mí. . . Mi sistema nervioso, mi cuerpo, y quizá también mi vida interior no se han adaptado a todos estos viajes. Estoy absolutamente exhausto. Aun así, debo reunir toda mi fuerza para continuar recaudando los fondos necesarios para nuestro desarrollo.

El viejo Christian, el ministro que presidió el gran acto de confirmación de veintiún siervos, no está dispuesto a brindar un apoyo más significativo, pues su Bruderhof ha agotado sus fondos en una gran compra de tierra. Solo hay una forma de atacar estas fortalezas, y es sitiarlas continuamente, como la viuda persistente. . .

Lethbridge, febrero de 1931.

He visitado otras doce comunidades, aunque solo con un éxito parcial. ¡Nuestro amado Bruderhof! Para mí, aún es el mejor, el único posible. Me he convencido completamente de eso aquí, así como de que deberíamos permanecer en Alemania tanto como sea posible. En parte, porque los pueblos de Europa están una vez más luchando y sufriendo tanto.

Lethbridge, febrero de 1931.

La recaudación de fondos se ha puesto de nuevo en movimiento, aunque con lentitud. Tan lenta, que perdería la fe de alguna vez recaudar lo que necesitamos, si no fuera por la fe superior que me guía. Así que debo continuar.

Lethbridge, marzo de 1931.

¡Finalmente ha llegado la hora de mi partida! Llevo mi gastado traje huterita y dos sombreros para nuestro «museo». También llevo para el museo —y no para ser usada—una escoba fabricada y entregada a mí por Jakob de Old Elm Spring, que tiene más de setenta años.

Dakota del Sur, 10 de abril de 1931.

Una cosa sé: ¡nunca más emprenderé un viaje así solo, sin ti! La verdad es que he encontrado la mejor atención allí donde iba. Pero era muy duro estar tan lejos de ese espíritu particularmente fresco de Sannerz y del Bruderhof del Rhön.

Radiotelegrama, 1 de mayo de 1931.

¡En el barco, finalmente! Llegada Bremerhaven domingo, mayo 10. Feliz, tu Eberhard.

La recepción de Eberhard por parte de los huteritas variaba considerablemente según el lugar. Él agradecía profundamente el amor y la confianza que le demostraban la mayoría de las comunidades; sin embargo, por otra parte, se sentía afligido por muchas cosas que veía. En primer lugar, el compartir auténtico parecía ser escaso más allá del que se daba dentro de una comunidad determinada. Algunas granjas eran grandes y prósperas, mientras otras eran pobres y estaban muy endeudadas. El asunto de la tecnología también era un aspecto difícil para él; sentía que, al menos en algunos distritos, la

Eberhard rodeado de los huteritas en un Bruderhof de Alberta, Canadá, 1931.

máquina controlaba al hombre, y no el hombre a la máquina. Lo que es peor, las comunidades huteritas estaban divididas en tres grupos separados o *Leut* («gente»). ¿Cómo era posible, se preguntaba, que esto estuviera en consonancia con el Espíritu, con el amor que todo lo da y comparte, el amor del cual una iglesia comunidad unificada puede surgir y perdurar?

Eberhard habló varias veces a los huteritas acerca todas estas cosas, especialmente basado en sus propios textos primitivos. Después de todo, además de su aceptación de los métodos agrícolas más modernos, estaban atados a la tradición, especialmente en lo que refería a las formas externas tales como su vestimenta de estilo campesino. Como reacción a la liturgia católica, rechazaban no solo órganos y pianos, sino incluso flautas, violines y guitarras. Con respecto a las fotografías, citaban la prohibición del Antiguo Testamento contra los ídolos (aunque olvidaban el punto principal: «¡No los adorarás!»). Eberhard sostuvo varias discusiones sobre esos asuntos, pues los huteritas parecían innecesariamente estrictos, pero los ancianos no cedían.

Claro está que también lo cuestionaban acerca de nuestras prácticas, en particular, el hecho de que fumáramos. Aunque parezca extraño, no objetaban el alcohol, algo que hubiéramos podido entender; a pesar de que, dadas las circunstancias, éramos demasiado pobres para beberlo. Naturalmente, cuando nos enterábamos de esas y otras cuestiones a través de las cartas de Eberhard, nos poníamos a reflexionar. Con todo lo que creíamos que había para aprender de los huteritas, no deseábamos someternos a las leyes y normas que no habían nacido de nuestra propia experiencia de vida.

Resulta interesante que, a pesar de que valorábamos todos los manuscritos antiguos que le entregaron a Eberhard, nos pareció que los textos de sus fundadores del siglo XVI eran muy notables. Ellos, por el contrario, preferían las enseñanzas menos enjundiosas, más pietistas de los antepasados más tardíos, y creían que eran más adecuadas a su vida.

Cuando, en diciembre de 1930, nuestra incorporación a la iglesia huterita fue confirmada, con Eberhard intentamos hacer justicia a sus orígenes del siglo XVI. Éramos plenamente conscientes de las corrientes que habían influido en nuestro propio comienzo: el movimiento de renovación, la Juventud Alemana Libre, el socialismo religioso y el fermento en la clase trabajadora. Pero también veíamos que, como producto de nuestros propios tiempos confusos, esos movimientos tenían sus defectos y carecían en varios aspectos de un significado eterno.

No todo lo referido a la unificación fue sencillo para nosotros. La vestimenta huterita para las mujeres, con su tocado o *Kopftuch,* no nos resultaba difícil de aceptar. De hecho, nos complacía adoptar el estilo campesino sencillo. La vestimenta de los hermanos era un asunto diferente. No nos agradaban los negros y grises requeridos, sino que preferíamos los colores más brillantes del movimiento juvenil. De todos modos, no se trataba de un asunto de conciencia y estábamos dispuestos a asumir aquello que pudiera promover nuestra unidad.

Renunciar a las fotografías y a los instrumentos musicales nos resultaba un sacrificio mucho mayor. ¡A menudo las imágenes podían decir mucho más que las palabras! Y salir de excursión juntos con flautas y guitarras. . . y todas las hermosas canciones folclóricas y las canciones de despertar religioso, todo eso pertenecía a nuestra vida. Aun así, ¿cómo podíamos rehusarnos a ceder en esto o aquello —a reconsiderarlo todo— si conducía a una mayor unidad con los otros? ¿Acaso eso no era mucho más valioso? Reflexionamos acerca de esos asuntos en el correr de la ausencia de Eberhard.

En general, la vida en casa transcurrió sin demasiados problemas durante el año en que Eberhard estuvo ausente, aunque lo extrañamos mucho y a menudo ansiábamos estar con él. Se le había pedido a Hans Zumpe, que por entonces tenía veintitrés años, que tomara el lugar de Eberhard, y el resto lo apoyaba lo mejor posible. En efecto, la vida no carecía de sus luchas. La ambición y la arrogancia —los perpetuos enemigos de la vida comunitaria— se manifestaron apenas Eberhard se marchó, y varias veces debimos ocuparnos de nuestras debilidades. Pero Hans veía el camino con claridad y se ciñó a él con amor y firmeza. Como siempre, confiábamos en que, si un problema era abordado con unidad —es decir, en el espíritu que busca una solución común—, sería resuelto.

En el verano de 1930 llegaron muchos huéspedes. Recuerdo en particular cuando fuimos anfitriones de un campamento de trabajo organizado por Erich Mohr y su Juventud Alemana Libre. Con la ayuda de nuestros hermanos, los campistas drenaron una pradera húmeda, y mantuvimos varias y animadas conversaciones con ellos. Sin embargo, para ponerlo en pocas palabras, no se logró demasiado. Para muchos de ellos el vegetarianismo parecía ser el asunto dominante.

Las cartas de Eberhard eran recibidas con gran interés, y leíamos cada una en nuestras reuniones. De vez en cuando, con tanta frecuencia como él podía, también llegaba dinero, y eso era una gran ayuda como medida paliativa. Pero, como siempre, aún estábamos escasos de dinero.

El 20 de diciembre, aniversario de nuestra boda, llegó un telegrama con noticias: la unión con los tres grupos huteritas —los *Lehrerleut, Dariusleut y Schmiedeleut*— había tenido lugar. Hubo un gran regocijo, también porque el regreso de Eberhard ahora se volvía inminente. Pero las noticias siguientes moderaron nuestra alegría: él planeaba visitar todas las comunidades de nuevo para pedir fondos.

Cuando, finalmente, la primavera siguiente Eberhard regresó, nos sentimos decepcionados ante los resultados generales de su extenuante esfuerzo. Después de todo, considerando sus circunstancias, las aproximadamente cuarenta comunidades huteritas habían dado muy poco para contribuir con nuestro desarrollo. Pero no teníamos otra opción ni otro deseo, excepto continuar, incluso si el trabajo era arduo y lento. Para nosotros, cada nuevo día que podíamos compartir era pura alegría.

9

Entre el tiempo y la eternidad

El tan ansiado regreso de Eberhard aconteció el 10 de mayo de 1931 y significó una alegría y un fortalecimiento inmensos. Hans Zumpe y yo fuimos a Bremerhaven a buscarlo el 9 de mayo, pues la llegada del barco se esperaba para las seis de la mañana siguiente. Nos paramos en el muelle y observamos cómo el barco se aproximaba desde la distancia. Había muchas personas en el muelle, saludando a sus familiares, pero, aunque nos esforzábamos, no podíamos ver a Eberhard. Finalmente, lo descubrimos, de pie, solo, en la popa del barco. En medio de toda aquella alegría de estar en casa a salvo, el hecho de haber regresado sin la tan esperada ayuda financiera para la comunidad aún era una carga para él. Aun así, ¡qué reencuentro después de un año completo de ausencia! Teníamos tanto para contarnos, primero con Hans y luego nosotros dos solos.

Lamentablemente, Else no estaba ahí. Una vez más padecía la tuberculosis y (a través de la amabilidad de nuestro amigo Friedrich Wilhelm Foerster) estaba convaleciente en casa de una amiga en Suiza. Else se quedó allí hasta julio, pues sabíamos que, tan pronto regresara, su trabajo como secretaria de Eberhard la consumiría completamente.

Emy-Margret y Hardy estaban en casa cuando su padre llegó. El otoño anterior, ella había aprobado sus exámenes para ser maestra de kindergarten, y él había terminado su último año en el *Gymnasium* (escuela secundaria) en Pascua. Después de tres años de ausencia, Hardy debía ayudar con el trabajo de la granja durante un año antes de ir a la universidad de Tubinga. Ambos habían decidido quedarse en la comunidad y se habían vuelto miembros, lo que significó un gran estímulo para Eberhard y para mí.

En una de las primeras reuniones de miembros luego del regreso de Eberhard, decidimos las fechas para celebrar las bodas de las cuatro parejas comprometidas en nuestro círculo: Leo Dreher y

Trautel Fischli, Alfred Gneiting y Gretel Knott, Hans Zumpe y Emy-Margret Arnold y Walter Hüssy y Trudi Dalgas.

Preparar un lugar donde cada una de esas parejas viviera fue algo más fácil de decir que de hacer, pues constantemente debíamos encontrar alojamiento para nuevos miembros, así como para niños, y los recursos disponibles eran pocos. Mucho del dinero que Eberhard había enviado a casa en el transcurso de su año de ausencia había sido empleado para pagar las deudas más importantes. Sumado a eso, se había postergado el pago a varios acreedores hasta su regreso.

A pesar de todo, pudimos aco-modar una habitación para cada

Else von Hollander en Tirol, 1913, donde empezó a cuidar los hijos Arnold y asistir a Eberhard como su secretaria, dos tareas que siguió haciendo por el resto de su vida.

una de las nuevas parejas. Hicimos los muebles nosotros mismos, todos en el mismo estilo sencillo, pero pintados en distintos tonos de rojo, ladrillo y marrón. Las habitaciones fueron pintadas en colores intensos: anaranjado, amarillo y verde claro. Cada pareja tenía una cama, una mesa, un banco esquinero, dos sillas y un aguamanil. En las ventanas colgaban unas cortinas de colores brillantes.

La boda de Hans y Emy-Margret tuvo lugar en julio y fue coro-nada por la alegría de que Else volviera de Suiza. Ya no le era posible trabajar a tiempo completo, pero hacía lo que podía, mecanogra-fiando cartas, y actas de reuniones. A veces lo hacía en una tumbona al aire libre. Luego se puso tan débil que solo podía trabajar desde su cama, en una pequeña cabaña que había sido especialmente acondi-cionada para ella.

Aunque la esperada ayuda de nuestros nuevos amigos de América del Norte no se había materializado, 1931–1932 fue el período de mayor crecimiento desde el comienzo de nuestra vida comunitaria.

La construcción avanzaba a un ritmo frenético, a veces en tres lugares a la vez. Dos casas nuevas fueron construidas, así como una pocilga, un establo y una panadería. También se montaron unos talleres nuevos. Todo el dinero que ingresaba se empleaba en la construcción; nada quedaba en el banco. Cada día traía alegrías nuevas. Después de tantos años durante los cuales una gran cantidad de tiempo y energía había sido destinada simplemente a obtener el dinero suficiente para mantenerse a flote, ¡finalmente estábamos creciendo!

Desde Suiza llegaron nuevas familias. En 1932, primero Hans y Else Boller y luego Peter y Anni Mathis . Y a principios de 1933, Hans y Margrit Meier. Las últimas dos familias llegaron desde el Werkhof, una comunidad socialista religiosa cercana a Zúrich. También llegaron unas jóvenes solteras provenientes de Suiza: Lini Rudolf, Margot Savoldelli y Julia Lerchy. Todos esos nuevos miembros fueron de gran ayuda en nuestro proceso de crecimiento. Aunque parezca increíble, también traían con ellos unos fondos que, en conjunto, coincidían casi exactamente con la cantidad que habíamos esperado recibir de los huteritas.

También llegaron otros huéspedes a corto y largo plazo, así como personas que deseaban unirse a nosotros para siempre. Entre estos últimos, Annemarie Wächter (que más tarde se casó con nuestro hijo Heinrich) y Ria Kiefer. Nils Wingaard y Dora Sääf, una pareja de suecos que estaban comprometidos, llegaron poco después del regreso de Eberhard y decidieron quedarse; se casaron en el otoño de 1932. Friedel Sondheimer, uno de nuestros primeros miembros judíos, llegó durante la ausencia de Eberhard.

Muchos de los huéspedes que llegaban traían necesidades personales complejas o inusuales visiones del mundo. Personas enfermas, incluyendo algunas con enfermedades mentales, llegaban en busca de ayuda. Es difícil relatar casos individuales; quizá sea suficiente decir que hubo tanto victorias como derrotas.

¡Cuán estimulantes y emocionantes eran aquellas noches que pasábamos con ellos bajo la gran haya en la cima de la colina que estaba tras nuestra casa! A veces, las discusiones se centraban en asuntos que proponían nuestros visitantes y nuestros nuevos miembros: el nacionalsocialismo, por ejemplo, y el vegetarianismo; la educación, la propiedad, los roles de la iglesia y del Estado, las distintas opiniones acerca del matrimonio y la familia, y muchos otros temas. En otras reuniones continuábamos ocupándonos de los varios aspectos del huterismo que aún eran una interrogante para nosotros.

A menudo, como en los primeros años de nuestra vida juntos, nos olvidábamos por completo del tiempo. Si una buena discusión con los huéspedes surgía en el almuerzo o en la cena, podía suceder que la comida continuara por horas. A veces, esos intercambios comunitarios prolongados entraban en conflicto con nuestro trabajo, pero eso no importaba. Queríamos que todos se unieran a la experiencia. Después de todo, sentíamos que, más que cualquier otra cosa, esas reuniones nos mantenían centrados en las razones por las cuales estábamos viviendo juntos.

En medio de ese tiempo gozoso también tuvimos una experiencia atemorizante. Debido a la presión añadida que significaba construir unos edificios en tres lugares a la vez, habíamos empleado a trabajadores de la vecindad, y cada viernes, alguien iba hasta Fulda en nuestra calesa a buscar dinero para pagarles. En uno de esos días de paga, en octubre de 1931, Hans Zumpe y Arno Martin conducían rumbo a casa a través de la niebla con más de 500 marcos, cuando dos enmascarados los detuvieron a punta de pistola. De pie ante el carro, con sus armas apuntando al pecho de nuestros hermanos, exigieron: «¡Entréguennos el dinero o disparamos!». Hans se negó y cruzó los brazos sobre el pecho para proteger su cartera. Finalmente, los hombres no dispararon, pero le arrancaron la cartera a la fuerza y huyeron con ella. ¡Qué terrible impacto fue cuando Arno irrumpió un rato después y nos contó lo que había sucedido! Aun así, también nos sentíamos agradecidos a Dios, tanto porque nuestros hermanos no habían sido lastimados como porque ¡no habían entregado voluntariamente el dinero, que no les pertenecía a ellos, sino a la iglesia!

No informamos a la policía del ataque. Sin embargo, invitamos a nuestros vecinos y, especialmente, a los trabajadores que teníamos empleados a una reunión, con la finalidad de contarles lo que había sucedido y pedirles que, si alguna vez tenían noticias de algo al respecto, nos ayudaran a buscar la forma de que el dinero fuera devuelto. (A pesar de eso, el robo jamás se resolvió).

Muchos años después, en una carta que el Administrador de Distrito von Gagern me escribió en ocasión de lo que hubiera sido el septuagésimo cumpleaños de Eberhard, se mencionó ese hecho: «Con frecuencia he admirado la coherencia de los miembros del Bruderhof en su actitud cristiana. Por ejemplo, dos hermanos que trasladaban la paga semanal para sus trabajadores —uno de ellos, un gigante con la fuerza de un oso— fueron atacados en el bosque por unos enmascarados. Recordando las palabras del Salvador, no se defendieron, sino que se dejaron robar».

Desde octubre en adelante, la salud de Else se desplomó, y al final de ese año estaba tan próxima a la muerte que supimos que no duraría demasiado. El 11 de enero de 1932 murió mi querida hermana, mi amiga incondicional, mi compañera de juegos y camarada desde la niñez.

Un año después de su muerte escribí estas líneas:

. . . ¿Por qué son tan terrenales mis anhelos
que te busco en mis pensamientos
en tu lugar de trabajo, en tus devociones,
en el vestido que usabas cuando estabas aquí,
cuando aún estabas entre nosotros?
Cuán seguido me pierdo en mis pensamientos
y me digo: ¡ella debe volver! O
al despertar y aún soñando, miro con anhelo,
¡esperando tu regreso!
Hay tanto dolor en mí, sabiendo
que jamás te veré como eras. . .
tu cara leal, tus ojos con amor cálidos.
Y, aun así, tu respuesta viene a mí,
como de otro mundo:
«¿Por qué buscas aquí a los vivos?
¿Por qué buscar entre los muertos?»

La eternidad significa plenitud,
plenitud de vida, de trabajo, de tiempo.
Las palabras de Juan vienen a mi mente:
«Ya no habrá más penas,
más separación no habrá,
pues la primera vida, ha llegado a su fin!»
Por lo tanto, pido, así de unida a ti,
A ti que te has ido antes:

¡Señor, ven pronto y trae tu reino;
une a todos los que se han confiado a ti,
únenos en el Cuerpo de Cristo,
morada de la divina promesa!

Mientras escribo esto, en plena década de los sesenta, hace más de treinta años que Else nos dejó. Pero su testimonio de los poderes de la eternidad aún vive en mi memoria, y el vínculo que tenía con ella y con otros que han partido permanece fuerte. Else estuvo con nosotros incluso antes de iniciar nuestra comunidad —desde el momento de nuestro despertar en 1907— y siempre fue una de nuestras colaboradoras y compañeras de lucha más cercanas. Viejos y jóvenes la amaban. Había algo del espíritu de San Francisco en ella: a pesar de sus muchas tareas y de su devoción al trabajo, siempre tenía tiempo para los demás, y no solo para aquellos dentro de nuestras filas. Sus recorridos por el vecindario y más allá para suplicar ayuda jamás fueron estériles. ¿Quién podía resistirse a una persona así, con un cuerpo tan frágil, pero tan encendida con entusiasmo y amor?

Una circular que Eberhard envió a nuestros amigos en junio de 1932 dice mucho más de la última etapa de la enfermedad de Else de lo que yo podría decir, así que la incluyo aquí:

La muerte de Jesucristo y la muerte de los mártires de antaño estuvieron todo el tiempo presentes para nuestra hermana agonizante, quien por ende debió dar testimonio: «Nada más grande pudo haber sucedido que la muerte de Cristo. Es la cosa más grande, y en ella la misericordia de Dios se manifiesta, misericordia en el juicio». Else estaba tan fascinada por su anhelo de Jesús y por el reino del cielo que solía repetir: «El Espíritu y la Esposa dicen: ¡Ven! Amén, sí, ven, señor Jesús. Los poderes de la eternidad están muy cerca. Yo soy la misma persona débil que siempre he sido; eso no ha cambiado. Pero la cercanía de Cristo es más fuerte que nunca, así pues, estoy bastante lejos de lo que sucede aquí y ahora, y bastante cerca de lo que está sucediendo allí, en el cielo. Y, aun así, también estoy cerca de la historia actual de Dios, pero como si la observara desde otra estrella. Para mí, no puedo pensar ni desear nada terrenal». Uno de sus últimos pedidos fue: «Levántenme; ayúdenme a mantener erguida mi cabeza».

El 1° de enero de 1932, dijo: «Este nuevo año será uno muy especial, un año de grandes luchas y de gran crecimiento. Pero no hay vida aquí en la tierra sin lucha. La nueva vida debe venir a través de la muerte».

Otra vez dijo: «La eternidad es algo que uno no puede comprender ni captar. La eternidad siempre ha sido y siempre será. La eternidad está muy próxima a mí, y sus poderes me están llegando desde Dios. Lo más grande de Dios es su misericordia. ¡Es tan maravillosa! Y es maravilloso vivir en hermandad. El amor y la fidelidad de nuestra hermandad es un milagro. Resulta increíble que algo así sea posible. ¡Cuánto los amo a todos! Y cuán queridos son todos. Es menester que los jóvenes fortalezcan su mente y su espíritu. En la lucha contra ellos mismos deben liberarse de todas las imprecisiones y susceptibilidades, y así entregar su fuerza a un trabajo constante. Veo claramente que el Bruderhof crecerá mucho, y me alegra que se me haya permitido ser parte del pequeño comienzo. Su influencia en todo el mundo será importante, también a través de la misión. Experimentaré esto con ustedes desde la eternidad y sin duda podré, también, ayudar un poco. Cada vez que el espíritu de la iglesia los una y fortalezca para el trabajo, estaré con ustedes. Por cuanto en el Espíritu Santo toda la iglesia está entre ustedes. El Espíritu Santo trae a la Jerusalén de arriba hasta ustedes.

«Siento mucha gratitud por el don de la unidad. La unidad en el Espíritu y en las cosas del Espíritu, eso es lo que perdura. Todo lo que hacemos puede expresar esa unidad, pero solo es una expresión. La unidad en sí misma es diferente y más grande que todas las expresiones exteriores. Si ha de perdurar, deberá ser construida solo sobre el Espíritu. La expresión perece, pero la unidad perdura».

«Es algo maravilloso adorar a Dios. Desearía venerarlo siempre. Dios es tan bueno, tan, pero tan bueno». Se volvió hacia la ventana y preguntó: «¿Están brillando las estrellas? Ahí es donde me llevarán. Me gustaría tanto estar con los profetas, los apóstoles y los mártires, pero probablemente primero estaré con los niños pequeños. Solo tengo un deseo: que el mismo Cristo venga a buscarme. Siempre está cerca de mí ahora. A veces me gustaría pedirle a Dios que me dejara dormir, y así poder soñar sin los dolores de la muerte. Y despertarme en la eternidad. Pero eso sería presuntuoso».

En medio de los más atroces dolores y tormentos solía gritar: «Es tan maravilloso; estoy tan feliz y aquí en la iglesia se siente tan bien. La vida de fraternidad es algo maravilloso. Cuánto me regocijo en este crecimiento. Este año se aproxima un gran momento, pero vendrá a través de lucha y conflicto. Cuando las cosas se pongan difíciles, deben apegarse a la fe. Recuerden siempre que al final Dios siempre es el vencedor. La vida es una lucha. Al morir, esta lucha se vuelve más fuerte. En la vida las personas a menudo no se dan cuenta de esta lucha y, por lo tanto, no la toman en serio».

En otra oportunidad les dijo a nuestros hijos: «Pienso en el barco donde su padre Eberhard viajó a América. En aquel momento escribió: "Oremos para que sea un buen arribo en la propia tierra de Dios". Y aquí está el Rhön, la tierra donde nuestro Bruderhof se encuentra. Aquí me embarcaré hacia otra tierra, a la más hermosa tierra que existe. Veo una larga procesión llena de luz. Ahí están, todos ellos, y me llaman: "¡Ven con nosotros!". Pero Cristo no va ante ellos o tras ellos. Está conmigo. He dado una gran batalla».

Una vez en que Else estaba mirando a través de la ventana con ojos muy abiertos, alguien le preguntó: «¿Ves a alguien?». Ella respondió: «No. Pero debo permanecer alerta para ver cuando se aproxime. Una y otra vez experimento las palabras del Apocalipsis: El Espíritu y la Esposa dicen "¡Ven!"».

A menudo contemplaba la distancia y repetía, muy suavemente: «¡Señor, ven pronto! Es tan hermoso ver el día amanecer. ¿Cómo será, pues, cuando la mañana eterna amanezca?».

Por la noche se levantaba a veces, abría mucho los ojos y juntaba sus manos en oración. Una vez dijo: «Siento como si estuviera entre el tiempo y la eternidad, como si estuviera conectándolos a ustedes con la eternidad. Necesito a Jesús más que nunca; si tan solo viniera pronto a buscarme. Cuando deba partir, ¡no se separen de mí! Ahora canten y estén alegres».

En sus últimos días recordaba haber tenido una notable visión de luz. En la tierra abajo veía un gran fuego que humeaba, que no era claro ni brillante, y sintió un miedo agobiante de que ese fuego destruyera todo. Pero de pronto, en el medio de ese fuego rojo oscuro surgió una pequeña llama blanca y pura, y esa llama pura le dio alivio. Luego ella observó cómo esa llama blanca se

Else von Hollander, 1931.

extendía más y más, y desde el cielo bajaba una gran llama de luz, blanca y pura, que se unió a la pequeña llama blanca. Y de inmediato, una gran ciudad se levantó de esa luz pura. El fuego lleno de humo y hollín retrocedía cada vez más. Al final, la ciudad de luz era tan brillante que sus paredes ya no se veían. Todo se había vuelto sol, una única gran luz, completamente blanca. Así era su fe en la iglesia que brilla, y en la venida del Espíritu sobre la iglesia para construir la ciudad en la colina.

Sí, los últimos meses de la vida de Else nos desafiaron a todos como nada que hubiéramos experimentado antes. A menudo parecía que ella ya nos había dejado, solo para regresar. Una vez, al despertar de un sueño profundo, dijo: «La vida allí es tanto más animada que aquí!». Cuando le preguntamos qué era lo que más deseaba, solo dijo: «¡Tener más amor!». No pasar más días en la tierra o buscar alivio a su sufrimiento; todo lo que deseaba era más amor para los otros.

El 11 de enero de 1932, luego de soportar una última y difícil noche, dio su suspiro final. Reunidos en torno a su cama solo podíamos cantar: «¡Agradezcamos a nuestro Dios!». Else había triunfado.

10

Antes de la tormenta

La vida continuaba, pues sentíamos que Else no hubiera querido que nos retrasáramos por su causa. Había llegado a pedirnos que no permitiéramos que su muerte interfiriera con los planes de las bodas inminentes de Fritz Kleiner con Martha Braun y de Arno Martin con Ruth von Hollander (la hija adoptiva de mi hermana Olga). Las mismas se celebraron el 24 de enero.

En marzo, Eberhard y Adolf Braun asistieron a una conferencia de socialistas religiosos en Bad Boll, Württemberg. Ese era el lugar donde Johann Christoph Blumhardt y su hijo, Christoph Friedrich Blumhardt, habían trabajado por más de setenta años. Luego de su regreso, Eberhard compartió sus impresiones del viaje durante una reunión celebrada el 3 de abril de 1932:

> El hijo, Christoph Friedrich, aún hoy es recordado intensamente, y unos pocos recuerdan al padre, Johann Christoph. Nos complació descubrir que ese recuerdo es hoy una fuerza viva.
>
> Johann Christoph Blumhardt provenía de la escuela misionera en Basilea y de círculos pietistas tradicionales y llegó a una feligresía donde abundaban la incredulidad y la superstición. Tenía un gran amor por las personas y las visitaba fielmente en su hogar, preocupándose por cada una personalmente. Aun así, gracias a su procedencia tenía una amplia visión del mundo entero.
>
> Su visión se hizo incluso más amplia cuando llegó a un tremendo conflicto con la incredulidad. Claramente vio que, si Jesús ganó victorias entre su feligresía, debían tener importancia más allá de Möttlingen y su pequeña congregación. Al liberar a Gottliebin Dittus, una mujer poseída, las fuerzas de la oscuridad fueron conquistadas; ahora, Blumhardt sentía que debía continuar luchando por el reino de Dios en cada rincón del mundo, para que la luz pudiera conquistar la oscuridad. . .

Bad Boll, un antiguo spa cerca de Stuttgart que fue el hogar de los Blumhardt.

Entre los pietistas de Württemberg se había desarrollado una tendencia fuerte y profunda, que contrastaba fuertemente con el movimiento evangélico más superficial. Gracias a los teólogos del siglo XVIII, el pietismo de aquellos días no era tan subjetivo como el pietismo de hoy. Pero pronto se hizo evidente para Blumhardt que debía adoptar una visión incluso más amplia. Las personas eran sanadas, los diablos eran expulsados y las enfermedades emocionales eran curadas. Las convicciones de Blumhardt diferían tanto de las enseñanzas de la iglesia popular, que eventualmente debieron abandonar Möttlingen.

Así fue como Blumhardt llegó a Bad Boll con su esposa e hijos. Con él también iban Gottliebin Dittus, su hermana y dos hermanos, y un cierto Theodor Brodersen que más tarde se casó con Gottliebin. Poco a poco, se formó una comunidad de cincuenta personas, incluyendo niños, donde todos vivían y trabajaban juntos.

Los amigos nos decían que tanto Blumhardt padre como su hijo eran personas modestas, casi reservadas acerca de su práctica de pedir la curación a través de la imposición de manos. No querían tener nada que ver con ningún tipo de magia ni de brujería. Así como el símbolo exterior del bautismo no logra nada a menos que ya haya acontecido un nuevo nacimiento en el corazón, del mismo modo sucede con la sanación de la enfermedad. Ni siquiera las más pequeñas influencias psicosomáticas debían ser toleradas. . . lo último que deseaban era el establecimiento de una institución de sanación por la oración.

Johann Christoph Blumhardt tenía varios hijos, y dos de ellos eran especialmente sobresalientes: Christoph y Theophil. Las personas asumían que Theophil sería el sucesor de su padre, pero finalmente fue Christoph quien se hizo cargo del trabajo de aquel. . .

Gradualmente, Christoph se apartó de la iglesia organizada, del pietismo y del lenguaje de su padre. . . Buscaba discernir cuáles eran aquellos lugares *en el mundo* donde Dios quería revelar su reino de justicia, su victoria sobre los espíritus malignos, y sentía que «nada podía esperarse de la gente piadosa». Y, por lo tanto, buscaba entre la gente común —campesinos y trabajadores de fábricas— para encontrar signos de la victoria de Jesús.

A pesar de que incursionó en política como un socialdemócrata, no fue un político en el sentido común del término. Durante un tiempo fue leal a su partido, pero el futuro reino de justicia y su anuncio entre las luchas de las clases trabajadoras lo entusiasmaban mucho más. No hay duda acerca de que consideraba el reino de Dios la verdadera respuesta, la verdadera ayuda. . .

No creo que le agradara demasiado que sus sermones y devociones fueran publicados y leídos tanto como lo son, y que tantas personas aún acudan en cantidades a Bad Boll. Lo hacía sentir desgraciado cada vez que las personas intentaban imitarlo y repetidamente les advertía que no sobreestimaran el lugar ni el trabajo ni a su propia persona. Tristemente, sus advertencias

Christoph Blumhardt (1842–1919) enseñó que el mensaje central del evangelio tenía menos que ver con la «religión» que con la justicia social.

parecen haber sido ignoradas. Aun así, la importancia de su trabajo tal como lo veo jamás ha sido realmente reconocida. . .

Como ninguno de los hijos de Christoph Blumhardt fue su sucesor, los Hermanos Moravos se hicieron cargo de Bad Boll [después de su muerte en 1919], y el actual encargado está esforzándose en continuar fielmente en su espíritu.

Escuchamos testimonios de varios que conocían a Blumhardt hijo. Uno de ellos, una viuda cuyo esposo (un jardinero de Bad Boll) había muerto en un accidente, fue acogida por los Blumhardt. Más tarde le compraron una casa de huéspedes en Freudenstadt. . . Esa mujer me contó unas cuantas cosas. Estaba muy contenta de saber acerca de nuestra vida y dijo que le recordaba el testimonio de Blumhardt.

También conocí a un hombre que descubrió la teoría de la relatividad antes que Einstein. Hijo de un profesor universitario, padeció una depresión severa durante su juventud y fue acosado por demonios de un modo aterrador, al punto que intentó suicidarse. Sus depresiones alternaban con períodos de euforia, durante los cuales se sentía un semidiós, y en los intervalos entre esos dos estados producía su trabajo científico.

Luego de vivir años de ese modo intolerable, ese hombre fue a Bad Boll donde encontró a Jesús y se liberó de su sufrimiento. Yo mismo lo vi; ahora es un hombre mayor, doctor en Filosofía. No está tan sano como para que uno no se dé cuenta de nada, pero puede trabajar sin sedantes. Arde con un fuego: me leyó su historia completa, diez páginas de caligrafía apretada, y confió en mí como se confía en un padre confesor. . .

Aunque Christoph Blumhardt se distanció más y más de la iglesia organizada, no experimentó la verdadera unidad de una iglesia comunitaria en su propio círculo, salvo en casos aislados. Se la vislumbraba, pero jamás se la alcanzaba. . . De todos modos, como Leonhard Ragaz señala, Blumhardt era un hombre que no se apoyaba ni en su poder ni en su autoridad. Era el fuego de Jesús que irradiaba de él. He ahí un hombre que esperaba que Dios interviniera en todos los problemas de la vida y en cada evento histórico; un hombre que tuvo la gran visión del reino de Dios y, aun así, aceptó sufrimientos y apoyó a cada individuo.

Poco después del regreso de Eberhard de Bad Boll llegó la primavera y, con ella, un esfuerzo renovado de crecer tanto como pudiéramos. Los

Una reunión con visitantes, bajo el haya enorme, en el Bruderhof del Rhön.

huéspedes, especialmente los jóvenes, continuaban llegando. Annemarie Wächter, que nos había visitado el verano anterior, llegó para quedarse el día de la muerte de Else. Estudiantes de Tubinga que se habían enterado de nuestra existencia a través de nuestro hijo Hardy (que estaba estudiando allí) también llegaron hasta nosotros, entre ellos Susi Gravenhorst (apellido de casada, Fros) y Edith Boecker (que luego se casó con Hardy). También estaban Gerhard Wiegand, Ria Kiefer (que había leído acerca de nosotros en el *Deutsche Sonntagspost*), Marie Eckardt (una diaconisa de edad avanzada), Hildegard Friedrich (y su madre Elsbeth), August Dyroff y Josef Stängl, todos los cuales se quedaron.

Nuestros huéspedes y nuevos miembros provenían de los entornos más variados. Había católicos y protestantes y juventud religiosa de todo tipo de creencia, personas sin hogar y personas con conciencia política tanto de izquierda como de derecha. Como era costumbre, traían con ellos innumerables preguntas e ideas, asuntos acerca de los que discutíamos a fondo con ellos bajo la gran haya al final del día.

A veces manteníamos reuniones tranquilas y otras veces, las más acaloradas discusiones. Pero sin importar cuál fuera el tono, intentábamos dejarnos guiar por un espíritu de búsqueda común y constructiva. Afortunadamente, algo de Cristo y su iglesia tarde o temprano siempre se abría camino y arrojaba su luz sobre nuestra reunión; y cuando eso sucedía, todo encontraba su adecuada perspectiva.

11

El conflicto con
el Estado hitleriano

En el verano de 1932, el espíritu del nazismo estaba creciendo entre muchos en Alemania: «¡Esto no puede seguir así! ¡Es hora de poner el interés nacional por encima del interés personal! ¡Necesitamos un líder fuerte!». Todo eso sonaba bien, pero aquellos que veían más profundo se daban cuenta —debido a las amenazantes declaraciones de Hitler— de cuán peligroso podía ser como líder. Y, aun así, ¿acaso el poder creciente de los bolcheviques era mejor? Solo podíamos esperar que ambas amenazas, el nacionalsocialismo y el bolchevi-quismo, llegaran a su fin.

Fue por una llamada de nuestro hijo Heinrich, que estaba estudiando en una escuela agrícola en Fulda, que nos enteramos de la noticia: Hitler había sido nombrado canciller del Reich alemán, y ya había asumido el cargo. La noticia llegó como una sorpresa para casi todos, pero especialmente para aquellos que tenían un presentimiento de lo que nos esperaba fue un gran impacto.

Cuando cada día comenzaron a ser publicados nuevos decretos y cambios legislativos, supimos que no podíamos esperar nada bueno. La *Gleichschaltung* (la política nazi de conformidad forzosa o «igualación») y la persecución de los judíos estuvieron entre las primeras cosas de las que nos enteramos. Escuelas, monasterios y comunidades fueron clausurados porque no deseaban ser «igualados». Se esperaba que un alemán saludara a otro con el saludo «*Heil Hitler*» y muchas personas así lo hacían, creyendo que no había otra opción. ¡Qué lamentable espectáculo era ver a una dama anciana como nuestra abuela Arnold saludar a alguien de ese modo! Sin embargo, podíamos comprender por qué las personas tenían miedo de decir lo que realmente pensaban acerca de esos asuntos. Cualquiera que lo hiciera era etiquetado como «traidor del pueblo y enemigo de la patria».

Todo problema, todo mal era atribuido a los judíos. En la entrada de muchas aldeas se colocaban carteles que decían: «No se admiten perros ni judíos». Pronto se prohibió que los alemanes compraran en tiendas judías. En algunos lugares, como Kassel, por ejemplo, se cerró un área con una cerca de alambre de púas, y cualquiera que era atrapado comprando en una tienda de judíos era denunciado y encerrado allí. De pronto, la nueva «ciencia» de la raza determinó todo, y cualquiera que proclamara tener ancestros «nórdicos» o «germánicos» debía probar su ascendencia «aria». Los matrimonios «mixtos» entre gentiles y judíos estaban prohibidos, y aquellos que ya existían eran anulados, lo que provocaba un sufrimiento indecible. Muchos judíos intentaron emigrar a otros países, pero no era sencillo —de hecho, a menudo era imposible— obtener los documentos necesarios.

Pronto hubo columnas de Tropas de Asalto, de Camisas Negras y de Juventudes Hitlerianas que desfilaban hasta en los pueblos y aldeas más pequeños. Sus himnos, especialmente «¡La bandera en alto!», de Horst Wessel, eran entonados en todas partes con gran entusiasmo. Esos grupos agresivos también marcharon a través de nuestro Bruderhof del Rhön, pero pronto se dieron cuenta de que no deseábamos participar de sus actividades. En muchas de nuestras reuniones de miembros discutimos el asunto: ¿hasta qué punto debíamos dar un testimonio opuesto? Deseábamos actuar abiertamente en todo momento. No íbamos a ser «igualados», es decir, no íbamos a aceptar todos los nuevos decretos y no podíamos decir «Heil Hitler» ¡por cuanto no creíamos que la *Heil* (salvación) vendría de él! Naturalmente, esto nos metió a menudo en problemas tanto en la calle como en las tiendas. Pero ¿cómo podíamos cooperar? No teníamos duda acerca de cuál era el espíritu al que Hitler servía y nos negábamos a tener algo que ver con eso.

Ya en los primeros meses de 1933 recibimos noticias del cierre de escuelas, en particular de las progresistas; de disidentes que eran deportados a campos de concentración; de la creciente oposición del estado a las iglesias, tanto católicas como protestantes. No pasó mucho antes de que la libre expresión fuera prohibida en todos los ámbitos, y cada trocito de información pública debiera pasar por el censor. Las condiciones estaban maduras para el desastre. Nadie sabía lo que realmente estaba aconteciendo y la prensa no ayudaba. De vez en cuando veíamos un aviso enigmático del estilo de «¡Otro peligroso nido comunista descubierto!», pero más allá de eso era poco lo que sabíamos.

¿Qué debíamos hacer? Todos sentíamos lo mismo: debíamos continuar expresándonos y viviendo para dar ese testimonio que nos había sido confiado. «Dependerá de quién resista más», dijo Eberhard. Y así continuamos creciendo. En la primavera y el verano de 1933 tuvimos nuevamente muchos huéspedes, incluyendo a algunos que deseaban quedarse. Nuestras discusiones con ellos, en particular acerca del nacionalsocialismo, eran intensas y, a veces, parecía que cada palabra importaba. Eso fue así especialmente hacia el final del año, cuando el clima político se volvió más represivo aún. No nos sorprendió que, a medida que la situación se volvía más peligrosa, varios de los que antes habían solicitado volverse miembros nos abandonaran; un poco en broma, Eberhard los llamaba nuestros «novatos de verano». Uno de los que se quedó fue Günther Homann, que trabajó en nuestra biblioteca y archivos con gran dedicación, año tras año, hasta su muerte.

Como desafiando la creciente oposición del estado hitleriano, el Bruderhof empezó tres construcciones nuevas en verano de 1933.

En la Pascua de 1933 bautizamos a dieciocho nuevos miembros, la mayoría de los cuales había llegado el año anterior y había dejado clara su intención de recorrer con nosotros el camino de la cruz, pasara lo que pasara. Entre ellos estaban Hans y Margrit Meier, Peter y Anni Mathis, Edith Boecker (apellido de casada, Arnold), Susi Gravenhorst (apellido de casada, Fros), Gertrud Loeffler (apellido de casada, Arnold) y dos de nuestros hijos, Hans-Hermann y Monika. Puesto que los tiempos eran tan críticos, los bautismos de esos nuevos hermanos y hermanas nos infundieron un coraje y una fuerza renovados para recorrer el camino que habíamos elegido.

A pesar de las objeciones de sus padres, en junio continuamos con los preparativos para la boda de Marianne Hilbert, una maestra de nuestra escuela, y Kurt Zimmermann. Las tensiones con las familias de las personas que se nos unían no eran infrecuentes, como es obvio, pero a medida que el nazismo se apoderaba del país, las líneas de batalla se volvían más claras, incluso entre familiares. Debía ser todo o nada.

Tiempo atrás, cuando Edith Boecker se nos había unido, había sido presionada por sus padres para regresar a su casa en Hamburgo, al menos para despedirse. Una vez que estuvo allí, intentaron disuadirla de regresar a nuestra comunidad y, cuando eso no funcionó, le quitaron el dinero para el viaje y la encerraron en una habitación del segundo piso. Al final, Edith se escapó: hizo una cuerda con sus sábanas, se deslizó a través de la ventana y regresó al Bruderhof del Rhön.

Las relaciones con las autoridades gubernamentales locales no eran mucho mejores, y Eberhard las visitaba con frecuencia para aclarar nuestra posición, esto es, que el discipulado de Cristo, como nosotros lo entendíamos, no podía ceder a las exigencias del nacionalsocialismo.

En un esfuerzo por conferir legitimidad a su gobierno, Hitler ordenó en octubre un plebiscito a nivel nacional. El 27 de octubre Eberhard acudió a las autoridades en Fulda para explicar nuestra actitud hacia el plebiscito inminente. Un funcionario le dijo: «Si ustedes no votan "sí", Dr. Arnold, solo queda una opción: el campo de concentración». Eberhard regresó a casa en un taxi. Como siempre, caminó el último tramo y tomó un atajo a través de la cima de la colina. Esa vez, sin embargo, se resbaló en el pasto húmedo y se quebró la pierna izquierda. Afortunadamente, Alfred había salido a buscarlo con una linterna, aunque no logró ayudarlo a ponerse en pie. Corrió a casa y regresó con Moni, quien observó la pierna y diagnosticó una fractura expuesta. Debieron trasladarlo a casa en una camilla.

Eberhard tenía un gran dolor y era evidente que la pierna debía ser operada tan pronto como fuera posible, así que el día siguiente lo llevamos de regreso a Fulda, donde le practicaron una cirugía. Una vez de vuelta en casa debió recluirse en su dormitorio durante varias semanas.

El plebiscito, que tuvo lugar el 12 de noviembre, no fue en ningún sentido una elección libre, sino una estrechamente vigilada demostración de fuerza. Cada persona en edad de votar fue obligada a acudir a las urnas, y las autoridades se ocuparon de hacérnoslo saber. ¿Qué debíamos hacer? Luego de una profunda reflexión, decidimos acudir. En lugar de rehusarnos a participar, en lugar de simplemente decir «no» al gobierno, como los anarquistas, debíamos emplear la ocasión como una oportunidad para dar testimonio de nuestras creencias de una manera positiva.

Eberhard formuló una breve declaración manifestando que, en la medida que el gobierno estaba instituido por Dios, lo respetábamos, pero agregaba que nuestra misión era diferente: nuestra tarea consistía en vivir según el camino de Cristo, como un correctivo para el resto del mundo. Luego de discutir esa declaración en una reunión de miembros y de estar de acuerdo en emplearla, cada uno la copió en una hoja de papel engomado. Luego fuimos hasta Veitsteinbach, la aldea a cuyo distrito pertenecíamos, pegamos nuestra declaración a nuestras hojas de votación y regresamos a casa. ¡Cuán sorprendidos nos vimos al día siguiente, cuando el periódico informó de que las políticas de Hitler habían sido confirmadas en las urnas con un «sí» unánime!

Cuatro días más tarde, el 16 de noviembre, nuestro Bruderhof fue blanco de una sorpresiva incursión de las SS, SA y la Gestapo (la policía secreta). Unos ciento cuarenta hombres rodearon el Bruderhof y no se permitió que nadie saliera de su habitación o lugar de trabajo. En cada puerta se apostaron hombres uniformados, mientras otros se abrían paso hacia los apartamentos y registraban cada habitación. Las cartas y los libros parecían ser de especial interés para nuestros visitantes, e incluso las cartas personales de las parejas comprometidas o casadas eran leídas y ridiculizadas. Los documentos provenientes del exterior —por ejemplo, las cartas de Hardy, que estaba estudiando en Inglaterra bajo el patrocinio de un amigo cuáquero— recibían una atención extra.

La policía secreta, por supuesto, hizo una búsqueda más extensa en nuestros archivos, nuestra biblioteca y en el estudio de Eberhard, donde esperaban encontrar escritos y documentos que probaran nuestra «hostilidad hacia el Estado». Mientras los hombres entraban y salían de nuestras habitaciones, volcando esto y abriendo aquello, Eberhard permanecía recostado en el sofá con su pierna recién operada. Probablemente, les habría gustado llevárselo en ese mismo momento y arrojarlo en un campo de concentración. Pero ¿qué podían hacer con ese hombre enfermo? Más tarde esa noche un gran auto se alejó cargado de libros, escritos y documentos. ¿Qué sucedería a continuación?

Desde ese día en adelante fuimos sometidos a una observación más estrecha. Primero, el superintendente escolar del distrito de Kassel, quien antes había sido un buen amigo, llegó para tomar una prueba: quería ver si nuestros niños estaban recibiendo una instrucción «patriótica» suficiente. Cuando se les ordenó que cantaran *¡La bandera en alto!* y otros conocidos himnos nacionalistas, se quedaron con la boca abierta, desconcertados, y no pasaron la prueba. Entonces nuestra escuela fue cerrada (la consecuencia obvia de aquella inspección fallida), y debimos enfrentar la idea de enviar a nuestros niños a una escuela pública de la aldea vecina o contratar a una maestra nazi. Además de eso, se nos informó acerca de que se llevarían a cualquier niño o adulto joven cuyos padres no vivieran con nosotros.

Naturalmente, debíamos actuar con velocidad y así lo hicimos: decidimos sacar rápidamente del país a todos los niños que pudiéramos. La vecina Suiza parecía la mejor opción como destino, así que comenzamos a trabajar para obtener un pasaporte y un permiso de viaje para cada niño.

Lamentablemente, no todos los tutores legales de nuestros niños (la mayoría de los que habíamos acogido tenía familiares en otra parte) estaban deseosos de ayudar. O se oponían a nuestro plan o lo apoyaban, pero temían meterse en problemas. Así pues, algunos de los niños debieron dejarnos, lo que nos resultó muy duro. Afortunadamente, varios fueron autorizados a quedarse, y a principios de enero de 1934 viajaron con Lene Schultz, Annemarie Wächter y el resto de los niños a Suiza, rumbo a un hogar dirigido por una tal Anna Schmidt.

En lo que respecta a nuestros hijos mayores y a los adultos jóvenes, se estaba volviendo imposible enviarlos fuera para continuar sus estudios. Algunos los abandonaron y otros, que habían ansiado comenzarlos, se vieron obligados a dejar sus planes de lado. En muchos casos, continuar la educación dependía de pertenecer al movimiento de las juventudes nazis, *Hitler Jugend,* o *Bund deutscher Mädchen,* su equivalente para las jovencitas. El eslogan era: «¡El futuro pertenece a la juventud!».

También surgieron otros problemas. Generalmente, se prohibía a los visitantes que no fueran miembros quedarse a pasar la noche; si deseaban quedarse, podíamos aceptarlos solo si tomaban un compromiso de «membresía» durante un mínimo de seis meses.

Ansiosos por evitar aceptar los servicios de un maestro nazi, el Bruderhof trasladó a sus niños a Suiza. Esta casa en Trogen fue su refugio entre enero y marzo de 1934.

Restricciones así eran muy difíciles tanto para nosotros como para nuestros huéspedes, pues ¿cómo era posible que nosotros (o ellos) pudiéramos saber con anticipación quién deseaba tomar un compromiso así?

Además de todo esto, nuestra situación financiera también empeoraba. En primer lugar, se nos dijo que la hipoteca de veinte años que pesaba sobre nuestra casa (15 000 marcos) debía ser cancelada en un plazo de dos semanas. En segundo lugar, se nos advirtió que ya no podíamos vender nuestros objetos torneados, libros u otras publicaciones. En tercer lugar, se nos informó acerca de que los subsidios estatales que habíamos estado recibiendo para nuestra escuela, así como todo el apoyo para los huérfanos que habíamos acogido, serían suspendidos. Los productos de la huerta podrían haber significado ingresos, de haber tenido suficientes para vender, pero, como estaban las cosas, necesitábamos todo lo que traíamos de la granja para nuestro propio hogar que ahora ascendía a unas ciento ochenta personas.

Con tanto peso sobre nuestros hombros, cada nueva adición a nuestro círculo nos alentaba más, y especialmente cada nuevo bebé que nacía en alguna de nuestras familias. En mayo de 1932, con el nacimiento de Heidi, la hija de Hans y Emy-Margret, Eberhard y yo nos convertimos en abuelos; y el 20 de diciembre de 1933, aniversario de nuestra boda, dieron la bienvenida a su segundo hijo, Hans-Benedikt.

A comienzos de la primavera de 1934, el hogar de Suiza que había acogido a nuestros niños nos pidió que los lleváramos de vuelta a casa. Eberhard y yo fuimos enviados a buscar un lugar para ellos. Eberhard aún tenía una escayola en su pierna. Yo tenía poca esperanza de una pronta recuperación, debido a su continuo desgaste en nuestros viajes frecuentes. Primero fuimos a Liechtenstein, el pequeño principado anidado entre Suiza y Austria, y nos alojamos en una posada de la aldea en el valle, con la intención de familiarizarnos con las personas del lugar. No mencionamos nuestras dificultades con los nazis, pero dijimos que andábamos en busca de un hogar para niños en los alrededores.

Mientras estábamos enfrascados en conversaciones en la posada, por casualidad oímos que alguien mencionó Kurhaus Silum, un hotel de verano en lo alto de la montaña sobre la aldea. Eberhard y yo no perdimos tiempo y salimos a buscar al dueño. El hotel permanecía vacío durante todo el invierno, y los caminos y sendas estaban totalmente cubiertos por la nieve. Era principios de marzo y se nos advirtió que esperáramos al menos hasta que algo de la nieve se hubiera derretido. Pero no podíamos esperar, pues el director del hogar para niños en Suiza necesitaba la habitación con urgencia para un grupo que la había solicitado previamente, y nuestros niños debían irse de allí. Un amistoso granjero de Triesenberg se ofreció a llevarnos en su trineo hasta el hotel, y le pedimos a Adolf Braun, que por una coincidencia estaba allí vendiendo libros, que nos acompañara.

Fue un viaje peligroso, pues el terreno era escarpado y debimos atravesar zonas de nieve profunda que no permitía ver el camino. ¡El conductor nos contó cuántos vehículos ya se habían accidentado allí! Pero confiaba en que sería capaz de encontrar el camino. Y así ascendimos por esa peligrosa ladera, no con poco miedo, pero aun así sabiendo que debíamos encontrar un lugar para nuestros niños. Nuestro conductor no podía llevarnos hasta la puerta del hotel, así que Eberhard debió caminar, arrastrando tras él su escayola como pudo a través de los profundos ventisqueros. Al llegar, nos encontramos con el dueño y entramos a la casa con él. No todo era perfecto, en especial, la calefacción. Sin embargo, en términos generales, era un lugar espléndido, rodeado por los altos Alpes nevados. A poca distancia ladera arriba había una cabaña suiza que podíamos alquilar además del hotel, y también varios refugios de montaña. En conjunto parecía haber espacio suficiente para al menos cien personas.

El trayecto montaña abajo fue tan espeluznante como el que ya habíamos hecho, por cuanto nuestras huellas casi habían desaparecido bajo la nieve transportada en el viento. Antes de partir, sin embargo, con un apretón de manos acordamos con el dueño que nos mudaríamos tan pronto como fuera posible. Mencionó la renta anual y solicitó la mitad de esa cantidad como anticipo. Para nosotros, que no teníamos dinero, era una suma de locos —unos 1500 francos— y debíamos procurárnosla rápidamente. Esa noche soñé que todos habíamos rodado montaña abajo.

La mañana siguiente, Eberhard y yo viajamos a Coira, para visitar a unos amigos. Debido a su pierna lesionada, Eberhard no

El Bruderhof del Alm, cerca de Triesenberg, en los Alpes de Liechstenstein.

me acompañaba a todas partes y se quedaba en nuestra habitación. Mientras tanto, decidí visitar a Julia Lerchy, que había sido huésped del Bruderhof del Rhön el verano anterior y estaba hospitalizada.

Julia tenía problemas en la espalda y debía permanecer acostada boca arriba, a pesar de lo cual estaba muy animada e interesada en todo lo que le contaba. Le impactó enterarse de todo lo que nos había sucedido desde su partida en agosto de 1933, pero le impresionó que, pese a las dificultades, hubiéramos seguido creciendo como si fuéramos a vivir allí para siempre. Julia me recordó cómo nuestras ampliaciones del salón comedor hechas el verano anterior habían determinado que el compromiso de Hardy con Edith Boecker fuera celebrado en el ático y evocamos un dicho de Martín Lutero: «Incluso si supiera que el mundo acabaría mañana, plantaría hoy mi manzano».

Cuando me despedí de Julia, me pidió que regresara por la tarde con Eberhard. Eso hicimos y, en el curso de nuestra charla, nos dijo que había decidido unirse al Bruderhof. En el momento del adiós, puso un sobre en nuestras manos. Al abrirlo, ya afuera, nos encontramos —para nuestra gran alegría y gratitud a Dios— con 6500 francos. ¡Justo en ese momento, nuestras necesidades estaban siendo atendidas de la manera menos esperada! ¡Podríamos pagar la primera cuota del alquiler de nuestro nuevo hogar en Liechstenstein! ¡Podríamos trasladar a los niños, comprar combustible y comida para ellos, y aún habría suficiente dinero para enviar al Bruderhof del Rhön, que estaba bajo tanta presión! ¡Cuán avergonzada me sentí por mi falta de fe que se había manifestado en mi pesadilla de la noche anterior!

Mientras Eberhard y yo íbamos a visitar a otras personas en Suiza, la mayoría viejos amigos del movimiento socialista religioso, Adolf ayudó a trasladar al grupo de niños y a las hermanas que estaban con ellos hasta el Bruderhof del Alm, como llamamos a nuestro nuevo hogar alpino. En ese viaje también visitamos por primera vez la comunidad de Essertine y conocimos a Madame Rossier, esposa del fundador.

En la comunidad de Essertine sentimos el espíritu de verdadera fraternidad, pero a pesar de ello, nos dimos cuenta de dos importantes diferencias entre ellos y nosotros. La primera era el celibato: ellos creían que el matrimonio era una distracción de todas las importantísimas tareas de vivir para el reino, e incluso las parejas que ya estaban casadas no convivían. La segunda era la violencia. En tanto nosotros rechazábamos el uso de la fuerza sin excepción, ellos decían que, en una guerra defensiva, se justificaba tomar las armas, y no se rehusarían a ello. Lo que más nos impresionaba era su actitud ante el trabajo comunitario. Mientras sostenían encendidas discusiones de naturaleza interior, trabajaban tejiendo cestas, trenzando cebollas y haciendo otras tareas sencillas. Al final de nuestra visita, Madame Rossier nos dio dinero y alimentos para nuestra nueva comunidad.

Antes de regresar a Liechstenstein, fuimos a ver a la madre de Peter Mathis, «Nona», que se había hecho cargo de nuestro Hans-Hermann durante el invierno, cuando estuvo enfermo de tuberculosis. Había mejorado tanto que pudimos llevarlo con nosotros.

En el nuevo Bruderhof del Alm pasamos varios días con el pequeño, aunque creciente círculo. Casi todos los días llegaban personas a través de la frontera con Alemania, unos pocos cada vez, y nos alegrábamos con cada nueva llegada. ¡Qué hermoso reencuentro significó finalmente tener a nuestros niños a salvo de las garras de los nazis!

Familias enteras fueron pronto enviadas para ayudar desde el Bruderhof del Rhön, entre ellas, los Kleiner y los Zimmermann. Hardy llegó desde Inglaterra para continuar sus estudios en Zúrich, y con él llegaron otras personas que había conocido y que deseaban intentar vivir con nosotros según el sermón del monte: Arnold y Gladys Mason (un joven matrimonio), Kathleen Hamilton (apellido de casada, Hasenberg) y Winifred Bridgwater (apellido de casada, Dyroff).

Fue una época muy conmovedora —jamás habíamos tenido huéspedes provenientes de Inglaterra que desearan unirse a nosotros— y manteníamos una charla profunda tras otra con esos cuatro. La mayoría de nosotros casi había olvidado el inglés aprendido en la escuela, pero Hardy era un buen intérprete y nos llevamos bien a pesar de la barrera del idioma. Algo especialmente memorable para mí fue el entusiasmo de nuestros nuevos amigos al entregar sus pertenencias y objetos de valor, que incluían los anillos de compromiso con diamantes de los Mason.

En agosto de 1934, Hardy y Edith, que se habían conocido mientras estudiaban en Tubinga, se casaron en el Bruderhof del Alm. Para la ceremonia de la boda, Eberhard eligió el tema «Cristo como cabeza», y ese mensaje llegó poderosamente a todos. Luego de la boda, Eberhard y yo no nos quedamos por mucho tiempo más en Liechstenstein y retornamos al Bruderhof del Rhön, donde pasamos el invierno de 1934–1935. El gobierno de Hitler se volvía más represivo semana a semana, pero aun así sentíamos que nuestro lugar estaba con aquellos que se habían quedado allí donde el peligro era mayor.

Procesión nupcial de Hardy Arnold y Edith Boecker, agosto de 1934.

El 20 de diciembre de 1934 celebramos nuestras bodas de plata. En medio del salón comedor colgaba una guirnalda de cardos plateados, adornada con veinticinco largas velas blancas, y a lo largo del día todos en la comunidad nos demostraron su amor. Eberhard me obsequió un pequeño libro que había preparado para mí y en el que había grabado «tu novio». Poco podíamos saber que ese sería nuestro último aniversario juntos.

Por esa misma época, Heinrich nos llamó desde el Bruderhof del Alm y nos pidió permiso para comprometerse con Annemarie Wächter. Qué alegría hubo esa Navidad: ¡el compromiso de Heinrich, nuestro vigesimoquinto aniversario (y mi cumpleaños número cincuenta, también) y, además de todo eso, el hecho de que nuestros niños estuvieran a salvo reunidos más allá de las fronteras alemanas! ¡Cuán agradecidos estábamos, pues Dios aún nos permitía tales inmerecidas bendiciones en una época de tanta oscuridad y sufrimiento para tantos!

El nuevo año apenas había comenzado cuando nos vimos confrontados con nuevos interrogantes acerca del futuro de nuestro trabajo en Alemania. El más importante de ellos era el asunto de la movilización de Alemania, y nuestros miedos de que nuestros hermanos fueran llamados al servicio militar.

No debimos esperar demasiado: el 16 de marzo de 1935, Hans Meier, que estaba de viaje en Suiza, llamó al Bruderhof del Rhön para informarnos de que se había restablecido la conscripción alemana. En un lapso de horas pudimos confirmar las noticias de Hans a través de una fuente en Fulda: Hitler había ordenado la conscripción universal obligatoria, con efecto inmediato. Solo sería cuestión de días antes de que el primer grupo etario debiera presentarse.

Esa misma noche celebramos una extensa reunión de miembros para decidir qué hacer. ¿Había llegado, finalmente, la hora de que sufriéramos por causa de nuestra resistencia? ¿O era nuestra tarea continuar construyendo una vida de comunidad, en el Bruderhof del Alm, por ejemplo, donde los hombres eran necesarios para el trabajo? Si recuerdo bien, en nuestro círculo había diecisiete hombres jóvenes elegibles para la conscripción, algunos de ellos novatos, y otros miembros plenos con esposa e hijos pequeños. Después de un

Niños en el Bruderhof del Alm, Liechtenstein, 1934.

rato de silencio seguido de una oración en la que pedimos a Dios que nos guiara, decidimos enviar a aquellos hombres esa misma noche al Bruderhof del Alm. El dinero para los billetes de tren era limitado, pero al llegar la medianoche todos se habían marchado, por rutas diferentes y en transportes diferentes: algunos en tren, otros en bicicleta y otros a pie.

La mañana siguiente estuvo extrañamente calma. Desde el año anterior no teníamos niños en edad escolar, pero ahora tampoco quedaban hombres jóvenes, al menos, no alemanes. Pero nuestra pérdida significó una ganancia para el Bruderhof del Alm, y no pasó mucho antes de que empezáramos a tener noticias de que, uno a uno, habían llegado al otro extremo. Pronto estábamos celebrando que todos habían logrado cruzar la frontera.

A finales de marzo, decidimos alquilar un ómnibus barato para que las madres jóvenes del Bruderhof del Rhön que habían sido separadas de sus respectivos esposos por semanas, pudieran reencontrarse con ellos en Liechtenstein. Además de esas madres y sus bebés, había niños pequeños de hasta cuatro años, así que varios de nosotros también fuimos para cuidarlos.

Fue una ardua empresa. El ómnibus, que casi no tenía resortes, se sacudía y rebotaba durante todo el trayecto, y los niños, ninguno de los cuales estaba acostumbrado a viajar, no eran sencillos de calmar. Partimos temprano en la mañana, pero debimos parar con frecuencia y, cuando alcanzamos la frontera, ya era casi medianoche. Cuando llegamos al cruce, se nos denegó la entrada. ¡Vaya golpe! Sin embargo, luego de varias llamadas telefónicas y encendidas discusiones, finalmente, se nos permitió pasar.

Estábamos felices con la nueva comunidad en Liechstenstein, pero aun así continuábamos buscando un mejor lugar para crecer fuera de Alemania. Por un lado, Silum no nos pertenecía —solo lo alquilábamos— y, en cualquier caso, la tierra alrededor de la casa no permitía que nos expandiéramos, pues el terreno era extremadamente escarpado. En lo referente al Bruderhof del Rhön, ¿quién sabía cuánto tiempo más tolerarían nuestra resistencia al nacionalismo racista de Hitler?

En la primavera de 1935, la comunidad le pidió a Eberhard que viajara a Holanda y a Inglaterra para buscar un nuevo lugar y recaudar fondos para el Bruderhof del Alm. Como su pierna no había sanado aún, Hardy, que se había hecho muchos amigos y conocidos en Inglaterra durante su año de estudios, lo acompañó.

En Holanda, tanto Eberhard como Hardy quedaron impresionados por la calidez que encontraron entre las personas que visitaron. En Inglaterra, aunque los recibieron con igual cordialidad, Eberhard padeció las consecuencias del esfuerzo: en parte, debido a su pierna (tenían poco dinero y, a menudo, debían caminar distancias considerables); en parte, porque muchas de las personas con las que se reunió no comprendían la urgencia de sus pedidos de ayuda. Muchos parecían completamente ajenos a los acontecimientos que se desarrollaban en Alemania.

Cuando Eberhard regresó al continente desde Inglaterra, primero viajó al Bruderhof del Rhön para pasar unos días allí, y luego fue a Liechstenstein. Después de mucho ruego insistente, había logrado conmover a unos amigos cuáqueros en Londres para que hicieran una donación para un invernadero (imprescindible para cultivar hortalizas a 1500 metros, incluso en verano), y ahora la pequeña comunidad finalmente podía cultivar más de su propio alimento. Con el dinero sobrante después de costear esa necesidad, decidimos alquilar una parcela de tierra en el valle del Rin para ampliar los cultivos.

A pesar de que la tierra en nuestro nuevo terreno era fértil, la caminata hasta el río un kilómetro cuesta abajo, y luego cuesta arriba de nuevo hasta el Bruderhof, era extremadamente extenuante. Afortunadamente, el humor prevalecía. Aún recuerdo la réplica de Fritz Kleiner cuando alguien se burló de él por haber cortado camino directamente a través de la escarpada pendiente para evitar el interminable camino con sus tortuosas ondulaciones: «¡Seguramente no estarás planeando descender directamente por la ladera, Fritz!». A lo que él respondió: «Bueno, no quiero ir en el mismo sentido que el mundo».

Luego de un breve regreso al Bruderhof del Rhön para Pentecostés, Eberhard volvió al Bruderhof del Alm y encontró a sus hermanos hirviendo en medio de luchas internas. Estaba en juego el antiguo problema del huterismo, en especial, las tensiones entre aquellos que preferían la rigidez de sus mandatos, oficios y servicios, y aquellos que anhelaban el libre desarrollo de una iglesia guiada únicamente por el Espíritu. Se trataba de un asunto que había aflorado antes, pero en el Bruderhof del Alm se había llegado a un punto donde algunos no querían otra cosa que las antiguas enseñanzas huteritas, en tanto otros querían solo lo que sentían que el Espíritu estaba hablando y diciendo.

Algunos, como yo, se ubicaban entre los dos extremos. Consciente de la necesidad de algún tipo de estructura para guiar a un grupo de seres humanos débiles, valoraba el orden que el huterismo había traído a nuestra vida. Al mismo tiempo, no podía aceptar la idea de una comunidad que no tuviera espacio para el Espíritu, que había venido a nosotros de una manera tan viva una y otra vez a lo largo de los años. Creía lo mismo que Eberhard, quien dijo en una reunión por aquellos días: «Si insistimos en no leer otra cosa que las antiguas enseñanzas huteritas» —con todo lo valiosas que eran para él— «y obligamos a las personas a aceptarlas, ¡no seré parte de ello!».

Sí, debimos luchar contra el moralismo y el legalismo una y otra vez; y, aun así, el Espíritu nos visitaba trayéndonos nuevas alegrías y nueva fuerza. Dos hechos especialmente felices que recuerdo de esa época fueron la boda de Christian Loeber con Sophie Schwing (la última pareja cuya boda fue celebrada por Eberhard) y la llegada de Hermann Arnold. Sobrino de Eberhard, Hermann se sintió tan profundamente afectado por el poder de la conversión, que renunció a las SA de Hitler (Camisas Marrones) por razones de conciencia, les envió su uniforme por correo y se unió al Bruderhof del Alm. El padre de Hermann (hermano de Eberhard, también llamado Hermann) había muerto en la Primera Guerra Mundial, dejando una joven familia. Su madre, Käthe, se nos unió algunos años después y enseñó en nuestra escuela por muchos años, hasta su muerte en 1956.

Fue justo durante esas semanas difíciles de luchas interiores en el verano de 1935, cuando la esposa de Hardy, Edith, dio a luz a su primer hijo, Eberhard Klaus. Tres días más tarde estuvo a punto de morir, luchando contra una fiebre puerperal y una infección grave. La vida de Edith pendía de un hilo y, en ocasiones, parecía como si fuera a extinguirse. Día tras día, y luego semana tras semana, los hermanos y hermanas se reunían en el refugio de montaña donde estaba recibiendo cuidados y oraban por ella.

El bebé de Edith, sin saber lo que estaba sucediendo a su alrededor, se quedaba mirando con ojos inocentes. Pero para el resto de nosotros había un paralelismo vital entre su lucha física contra los poderes de la enfermedad y la igualmente mortal batalla del Bruderhof del Alm como un todo que luchaba por su renovación. Afortunadamente, el poder de la vida que eventualmente triunfó en Edith también resultó victorioso por encima del legalismo paralizante que amenazaba nuestra comunidad. Esa libertad, que el apóstol Pablo describe tan maravillosamente en Romanos 8, debe ser buscada una y otra vez. Y en los años siguientes, la lucha para ganarla nuevamente iba a continuar.

12

La última batalla de Eberhard

Después de celebrar el cumpleaños número cincuenta y dos de
Eberhard, el 26 de julio de 1935, en el Bruderhof del Alm, él y yo
regresamos a Alemania. Para nuestra despedida, hombres y mujeres
jóvenes representaron una obra que habían estado ensayando, basada
en el cuento de Tolstói «Donde está el amor, está Dios».

En las noches previas a nuestra partida, Eberhard pasó horas
mirando las estrellas a través de un telescopio. A lo largo de nuestros
años juntos a menudo habíamos conversado acerca del espacio infi-
nito del mundo estelar y del universo —en comparación con nuestro
pequeño planeta—, pero en aquellos días cercanos al final del verano
de 1935, Eberhard parecía inusualmente absorto en ese tema. No se
trataba de un interés meramente científico o astronómico, sino de un
sentido de maravilla ante la grandeza de la creación de Dios que nos
conmovía. Recuerdo especialmente el entusiasmo con el que una vez
me mostró Saturno, el planeta rodeado de anillos de luz. Otra vez
estábamos hablando sobre los seres amados que habían partido antes
de nosotros y me pregunté si Eberhard pensaba que quizá pronto él
estaría con ellos, en una de esas estrellas.

Además del mundo estelar, las visiones de los grandes profetas,
Daniel y Ezequiel (pero también de Juan) nos obsesionaban por
aquellos días. Sentíamos que había una conexión cercana entre
nuestra tarea en tanto comunidad en ese momento histórico y su
importancia en el esquema mayor de las cosas.

Una y otra vez, Eberhard nos recordaba el gran futuro de Dios.
Lo entristecía profundamente que a menudo fuéramos demasiado
mezquinos, demasiado malos y miserables, como para ver nuestra
vida en un contexto más amplio. No era que algo «malo» hubiera
pasado; sin embargo, él estaba afligido por el sentimentalismo baladí
en el que nuestra vida en hermandad tan a menudo parecía hundirse.
¿Dónde estaban nuestra sensibilidad, nuestro oído para la voz de

Eberhard en el Bruderhof del Rhön.

Dios? Una de las maneras de las que Eberhard se valió para intentar combatir nuestro problema fue tratando de abrir nuestros ojos hacia un horizonte más amplio, por ejemplo, mediante charlas acerca de los mártires de los primeros siglos, o mediante discusiones sobre la situación política del momento, especialmente, en la Alemania nazi. Las personas escuchaban casi la totalidad de lo que se decía, pero no eran receptivas hacia dentro.

Ese otoño, Eberhard y yo hicimos varios viajes yendo y viniendo entre un Bruderhof y otro, no sin poco peligro. Las personas eran detenidas, arrestadas y conducidas a campos de concentración casi a diario. Cada vez que nos íbamos de una comunidad, lo hacíamos sabiendo que quizá no llegaríamos nunca a nuestro destino planeado. Además de eso, la pierna de Eberhard aún le provocaba un dolor considerable. A pesar de la escayola, estaba bastante torcida, y se le hacía difícil caminar.

A mediados de octubre de 1935, Eberhard y yo estuvimos en el Bruderhof del Rhön, donde encontramos el mismo sentimentalismo aletargado que habíamos combatido tanto con el círculo en el Alm. En la superficie, las cosas lucían bien: la comunidad funcionaba, las personas trabajaban duro y los hermanos y hermanas, en general, se llevaban bien entre ellos. Pero bajo la superficie, había poco, si acaso algo, de aquel fuego temprano que nos había reunido. En lugar de eso, había un trasfondo de descontento, chismorreo, fricciones sobre los asuntos prácticos más pequeños y —lo que Eberhard aborrecía más— una autocomplacencia religiosa paralizante. ¡Y todo eso sucedía en un momento crítico, cuando estábamos enfrentando graves amenazas externas debido a nuestro testimonio comunitario!

Nos trajo el recuerdo del momento en que Jesús encontró dormidos a sus tres discípulos más amados.

La consiguiente lucha en pos de la renovación interna pronto devino en una crisis generalizada y, al final, fue evidente para todos nosotros que las cosas no podían continuar más de ese modo. De común acuerdo, disolvimos la hermandad. Seguimos juntándonos para celebrar reuniones de culto, pero se llevaban a cabo en silencio, y cada uno empleaba ese tiempo para arrepentirse, es decir, para examinar su corazón y buscar de nuevo el espíritu de unidad y amor. Fue una época de honestidad amarga.

Para alentarnos y ayudarnos mientras luchábamos por un renacimiento, el Bruderhof del Alm envió a Georg, Monika, Fritz y Martha. Llegaron el 12 de noviembre. Eberhard solo pudo verlos por poco tiempo, pues debió viajar a Darmstadt ese mismo día. El doctor Paul Zander, un cirujano y amigo que conocíamos desde 1907, se había ofrecido a examinar su pierna. Fritz y yo lo acompañamos mientras se trasladó renqueando hasta el límite del bosque. Allí lo esperaba un taxi que lo condujo hasta el tren. No podíamos saber que esa era su última despedida y que Eberhard no volvería a ver su amado Bruderhof.

Los días que siguieron fueron difíciles. Un día después el doctor Zander nos informó acerca de que una nueva operación era inevitable. La pierna de Eberhard no había sanado en absoluto; de hecho, podía colapsar en cualquier momento. La cirugía se programó para el sábado 16 de noviembre y yo viajé el día previo para estar con él.

Cuando llegué al Elisabeth Hospital, encontré a mi esposo en cama en una sala de tercera clase con otros tres pacientes. Vestía una bata a rayas y estaba muy ocupado escribiendo una carta para nuestro yerno Hans. Le pregunté si no prefería estar en una habitación individual; después de todo, su madre lo había pedido expresamente y había enviado dinero con ese propósito. Respondió que prefería estar entre otras personas.

La semana posterior a la cirugía de Eberhard fue dura. La operación no había salido tan bien como el doctor Zander había esperado. Hubo complicaciones imprevistas y, puesto que solo se había empleado anestesia local, Eberhard estuvo consciente durante todo el procedimiento: «Serraron, cortaron y luego me cosieron», me contó. Hablaba poco y, cuando lo hacía, no era sobre su dolor, sino sobre la lucha que estaba aconteciendo en nuestro hogar.

Lo que predominaba en su mente era la importancia crítica de nuestro testimonio, no de nosotros ni de nuestros logros, ni siquiera de nuestra comunidad, sino de Jesucristo. Su vida, sus palabras, su muerte y resurrección y el derramamiento de su Espíritu en Jerusalén, con todo lo que después sucedió, era todo lo que importaba. Una y otra vez a lo largo de aquellos días, Eberhard habló de su amor a Cristo. Me decía: «Cuando vuelvas a casa, pregúntale a cada uno: "¿Por qué amas a Cristo?"».

Por momentos parecía que estaba viviendo en otro mundo. Después de su muerte, uno de los pacientes que había compartido habitación con él me dijo: «Siempre estaba pensando en Dios, en el mundo de las estrellas y del sol». También deliraba y estaba confuso. Una vez me pidió: «Dale a la niña que está sentada allí, candidata para la confirmación, un buen libro para leer». Cuando le dije que no había nadie, me dijo que había visto a una persona con un vestido blanco.

En el Día del Arrepentimiento [una fiesta eclesiástica luterana], me pidió en voz alta, «Dime, ¿has leído en alguna parte si Hitler y Goebbels se han arrepentido?». Le dije que no y le advertí que no dijera esas cosas en voz tan alta, cuando había otras personas presentes. Ante eso, se puso muy agitado y gritó la misma pregunta de nuevo, incluso con más fuerza: «¿Alguien aquí sabe si Hitler y Goebbels se han arrepentido?».

A última hora de la tarde del 21 de noviembre, Frau Zander se hizo presente. Lucía abatida y solicitó hablar con mi hermana Monika, que estaba con nosotros en el hospital desde hacía unos días. Más tarde las encontré a ambas en la sala de enfermeras, llorando, y me dijeron que la pierna de Eberhard no podía ser salvada: estaba completamente fría y sin vida. Me sentí terriblemente afectada, casi fuera de mí. ¿De verdad tendrían que amputar la pierna por encima de la primera fractura, como el doctor Zander había propuesto? ¿Podría Eberhard sobrevivir esa segunda operación? ¿Aprendería a caminar de nuevo? Frau Zander me aseguró que su vida no estaba en peligro.

Eberhard no sabía aún de la amputación, así que cuando volví con él, intenté permanecer muy serena. Me pidió que le leyera algo acerca del próximo Adviento. Le leí el primer capítulo del Evangelio de Juan: «Y aquel Verbo fue hecho carne, y habitó entre nosotros, y vimos su gloria». Esa noche quiso estar solo. Antes de que me marchara habló acerca de los hermanos y hermanas que estaban en el Bruderhof del Rhön, y dijo: «¡Pensaré en ustedes por toda la eternidad!».

Emmy en 1935, año en el que murió su esposo.

Como esa noche Eberhard debía ser fuertemente sedado, Monika y yo regresamos a la casa donde nos hospedábamos, aunque primero le pedimos a la enfermera que cubría ese turno que nos llamara si Eberhard pedía por nosotros y que nos hiciera saber si cualquier cosa especial ocurría. Fue una noche terrible: como si una pared negra se cerniera frente a mí, y no pudiera ver nada más allá de ella. Monika y yo leímos y hablamos durante toda la noche. Una y otra vez nos repetimos lo que el doctor Zander había dicho: que la vida de Eberhard no estaba en peligro, aunque en mi interior yo tenía el extraño sentimiento de que ese terrible sacrificio sería pedido.

Muy temprano al día siguiente, 22 de noviembre, fui con Monika a ver a Eberhard. Aún dormía cuando llegamos. Cerca de las 10:30, llegó el doctor Zander, examinó a Eberhard y le dio la noticia con suavidad; la pierna no podía ser salvada. Eberhard preguntó si la operación podía ser pospuesta otras veinticuatro horas, aplicando un tratamiento con parches tibios y aire caliente. Pero el doctor Zander respondió: «El cirujano debe aprovechar el momento adecuado para operar; mañana puede ser demasiado tarde». Eberhard dijo: «Entonces me someteré a ello con confianza».

La funesta operación dio comienzo, y yo me senté a esperar que finalizara. Fue una espera interminable: por una parte, la operación tomó más tiempo que el previsto, y lo peor era que las noticias que me llegaban a través de Moni (que estaba presente) no sonaban bien. ¡Cómo añoré la presencia de nuestros hijos, Hardy, Heinrich y Hans-Hermann! Pero no podían arriesgarse a ir a Alemania; hubieran sido reclutados de inmediato o incluso arrestados por haber evadido el llamado a filas. Afortunadamente, Emy-Margret y Hans estaban en camino.

Cuando la amputación fue completada, Hans y Emy-Margret ya habían llegado, pero no pudieron hablar con él, pues aún dormía. Nunca recuperó la conciencia. Mientras estábamos en torno a su cama, sin embargo, sentimos que, de algún modo, estaba con nosotros. Cuando cantamos «Yo te amaré, mi fuerza, mi torre», «Jesus rey victorioso», «Ríndanse ahora, pecado y maldad» y otras canciones que le gustaban, las lágrimas rodaban por su rostro.

A las cuatro de la tarde falleció en paz; su tarea y su misión estaban terminadas. ¡Era incomprensible! Jamás habíamos soñado que fuera a suceder de ese modo, aunque durante los últimos dos años yo me había dado cuenta de que se aproximaba el tiempo en que él ya no estaría más con nosotros.

El sepelio de Eberhard se celebró el 25 de noviembre en el Bruder-hof del Rhön, y fue seguido por una comida especial en su memoria. Inmediatamente después, Emy-Margret, Monika y yo viajamos al Bruderhof del Alm, donde Hardy, Heinrich y Hans-Hermann esperaban las noticias de los últimos días de su padre.

Es imposible poner en palabras el significado de la vida de Eberhard, tanto para mí, su esposa y compañera, como para los muchos que lo conocieron y amaron. Dos años antes de su muerte, sin embargo, en una reunión con un grupo de huéspedes, había hablado acerca de su vida de búsqueda, y parece adecuado citar aquí lo que dijo:

> Quisiera contarles acerca de mi búsqueda personal. Cuando era mucho más joven, a menudo se reunían en torno a mí grupos de personas, y yo intentaba por medio de los estudios bíblicos y de charlas guiarlas a Jesús. Pero luego de un tiempo eso no fue

El 10 de noviembre de 1935, dos días antes de partir para Darmstadt, Eberhard y Emmy caminaron juntos al camposanto en el Bruderhof del Rhön. Emmy contó más tarde: "Eberhard se detuvo y miró la vista por un largo rato, como si creyera que nunca más volvería a verla".

suficiente. . . y yo me sentía profundamente desgraciado. Cada vez más reconocía que una preocupación personal por la salvación de las almas, sin importar cuán dedicada pudiera ser, no satisfacía en sí misma las exigencias de la vida a la que Jesús nos llama. . . Comencé a reconocer las necesidades de las personas de un modo más profundo: la necesidad de sus almas *y* cuerpos, sus deseos materiales y sociales, su humillación, explotación y esclavitud. Reconocí los tremendos poderes de la riqueza, la discordia, el odio y la violencia, y vi la dura bota del opresor sobre el cuello del oprimido. Si una persona no ha experimentado esas cosas, podría pensar que tales palabras son exageradas, pero esos son hechos.

Entonces, entre 1913 y 1917, busqué dolorosamente una comprensión más profunda de la verdad. Sentía que no estaba cumpliendo la voluntad de Dios al abordar a las personas con un cristianismo puramente personal. . .

Durante esos años atravesé duras luchas: busqué en los antiguos textos, en el sermón del monte de Jesús y en otras escrituras, pero también quería tomar conocimiento de la realidad de la clase trabajadora, y busqué compartir la vida de los oprimidos en su lucha dentro del orden social actual. Quería encontrar un camino que se correspondiera con el camino de Jesús *y* de San Francisco de Asís, por no mencionar el de los profetas.

Poco antes del inicio de la guerra escribí a un amigo diciéndole que ya no podía seguir así. Me había interesado por los individuos, había predicado el evangelio y me había empeñado en ese modo de seguir a Jesús. Pero ahora anhelaba encontrar un modo de *servir* a la humanidad; quería encontrar una vida de dedicación que estableciera una realidad tangible, un modo de vida por el cual los hombres reconocieran la causa por la que Jesús murió.

La guerra continuó y vi el estado de los hombres que volvían del frente. Jamás olvidaré a un hombre joven, un oficial que regresó a casa con ambas piernas destrozadas por las balas. Buscó a su prometida esperando recibir el amoroso cuidado que tanto necesitaba, pero ella le informó de que se había comprometido con otro hombre, uno sano.

Entonces el hambre llegó a Berlín. Sí, aún había familias «cristianas» prósperas que tenían acceso a alimento nutritivo y leche fresca, pero la mayoría de las personas sobrevivía comiendo nabos mañana, tarde y noche. Los carros iban por las calles cargando los cuerpos de niños que habían muerto por inanición; los cuerpos estaban envueltos en papel de diario. ¿Quién tenía dinero para un ataúd? En 1917 vi cómo un caballo se desplomaba en la calle: el conductor fue apartado por una multitud que instantáneamente se arremolinó en torno al animal, y las personas se apresuraron a cortar trozos de carne del cuerpo aún caliente para llevar a su familia.

Una vez visité a una mujer pobre que vivía en un sótano oscuro donde el agua chorreaba de las paredes. Aunque estaba tuberculosa, sus familiares vivían en la misma habitación con ella. La ventana apenas podía permanecer abierta; las personas que pasaban por la calle unos metros más arriba hubieran lanzado hacia dentro demasiado polvo a su paso. Me ofrecí a buscarle a esa mujer otro lugar para que viviera, pero ella ya no tenía voluntad de vivir: «No voy a hacer el ridículo. Déjeme aquí. Moriré donde he vivido». Internamente, ya era un cadáver.

Luego de experiencias como esas —y de otras como las de los tiempos revolucionarios que siguieron, cuando los pobres intercambiaban lugares con aquellos que habían derrocado y ocupaban enormes salas con pisos de parqué— me di cuenta de que toda la situación era insoportable. ¿Cómo podía un cristiano permanecer en silencio acerca de los asuntos sociales más apremiantes: la guerra, la injusticia y el sufrimiento humano?

En las reuniones que Emmy y yo mantuvimos más tarde en nuestro hogar en Berlín, donde nos encontramos con algunos amigos con quienes discutíamos acerca de todos esos asuntos, pronto comenzamos a creer que el camino de Jesús debía ser uno práctico: nos había mostrado un modo de vida que implicaba más que una preocupación por el alma. Se trataba de un camino que simplemente decía: «Si tienes dos cabras, dale una al que no tiene. Da alimento al hambriento, y no des la espalda a tu prójimo cuando necesite tomar algo prestado de ti. Cuando se te solicite una hora de trabajo, da dos. Lucha por la justicia. Si deseas fundar una familia, asegúrate de que todos los otros que quieran fundar una familia también puedan hacerlo. Si ansías educación, trabajo y una actividad satisfactoria, haz que todo esto también sea posible para otras personas. Si reclamas que es tu obligación cuidar tu salud, entonces acepta esa obligación también en nombre de otros. Trata a las personas del mismo modo en que quisieras ser tratado por ellas. Esa es la sabiduría de la ley y de los profetas. Finalmente, entra a través de esta puerta estrecha, pues es el camino que conduce al reino de Dios».

Cuando tuvimos todo eso claro, nos dimos cuenta de que una persona puede ir por ese camino solo cuando se vuelve tan pobre como un mendigo y toma sobre sí, como Jesús hizo, la carga de la necesidad de cada persona. . . Solo entonces —cuando tuviéramos hambre de justicia más que de agua y pan, y fuéramos perseguidos por causa de esa justicia— nuestros corazones serían indivisos; solo entonces nuestra rectitud excedería aquella de los moralistas y los teólogos. Entonces estaríamos llenos del Espíritu Santo, y con un calor nuevo, el del fuego que resplandece a partir de la energía vital de Dios.

Era evidente para nosotros que la primera comunidad cristiana en Jerusalén era más que un acontecimiento histórico: fue allí donde el sermón del monte cobró vida. Por lo tanto, sentíamos que ya no podíamos soportar la vida que estábamos llevando, pero veíamos que era más necesario que nunca que renunciáramos a los últimos vestigios de privilegios y derechos, y que nos dejáramos ser ganados para el camino del amor total. . .

Jesús hizo que los ciegos vieran, que los tullidos caminaran y los sordos oyeran. Y profetizó un reino, una regla de Dios que anularía toda injusticia del orden actual del mundo, y lo renovaría. Reconocer esto y vivir de acuerdo con ello, ese es el mandamiento de Dios para estos tiempos.

13

La lucha continúa

Los días y las semanas posteriores a la muerte de Eberhard son difíciles de recordar y difíciles de narrar. Todos fueron muy agitados —especialmente en el Rhön, pero también en el Bruderhof del Alm— a raíz de su muerte, pero también había otras cosas con las que estábamos lidiando. Por encima de todo, nuestra hermandad estaba pasando por dificultades y necesitaba ser restaurada y refundada.

A lo largo de muchos años, pero en particular durante los últimos años difíciles antes de la muerte de Eberhard, los huéspedes nos habían advertido acerca de que una vida como la nuestra duraría en tanto sus fundadores vivieran. Después de que los primeros miembros murieran, dijeron, todo colapsaría, pues, sin su convicción y entusiasmo, no habría forma de evitar el declive. En respuesta a esto siempre habíamos dicho que una teoría así podía ser cierta para una organización humana, pero no podía serlo para una comunidad establecida y guiada por el poder del Espíritu. Era el momento de probarlo.

En efecto, nuestro comienzo comunitario en Sannerz era algo que habíamos deseado, pero nunca se había tratado de carisma humano ni de idealismo. El Espíritu le dio vida. Nuestra comunidad nació de la desesperación y el anhelo, del derramamiento de sangre y la confusión. Surgió en una atmósfera donde las personas habían llegado al extremo de todo lo que conocían: la pérdida de su casa, su hogar y su sustento, y la decadencia de los ideales y las respuestas anteriores. En esa época la pregunta había llegado de todos lados: «¿Qué debemos hacer?». Y ahora, después de la súbita muerte de Eberhard, debimos responder esa pregunta de nuevo.

En el Bruderhof del Rhön continuaba una dura batalla contra el pecado, especialmente allí donde se había permitido que ingresara el sentimentalismo, lo que en una comunidad siempre significa una perturbación. Pero también había deslealtad y cobardía, chismerío, amistades exclusivas, autocompasión, excesiva piedad hacia algunos e insuficiente hacia otros. Aún me cuesta entender cómo esas cosas pudieron ganar terreno entre nosotros en una época cuando nuestro testimonio contra el espíritu de Hitler y su religión de odio era sumamente necesario. ¿Y cómo era posible que, justo en ese momento crítico, Eberhard, mi esposo, amigo, consejero y guía espiritual nos hubiera dejado para siempre?

La lucha era un llamamiento a la acción y a la unidad. Para mí y para mis hijos, que estaban especialmente golpeados, significó una ayuda, pues reorientó nuestros pensamientos lejos de nuestra pena y hacia otros. Pero ¿quién no se sentía especialmente afectado? ¿Qué sucedería con todos los niños que habíamos acogido y criado en nuestra familia a lo largo de los años? ¿Y qué de tantos otros, incluyendo hombres y mujeres jóvenes, para quienes Eberhard había sido un padre?

Era un desafío para todos. Cada individuo debía aclarar su posición y abordar la última pregunta de Eberhard: «¿Por qué amo a Cristo?». Algunos no superaban la lucha tan fácilmente. En lo que concierne al resto de nosotros, estoy segura de que hubiera sido posible encontrar una manera mejor y más conciliadora. Sentía eso especialmente por mí misma: solo más tarde me di cuenta de que los mismos pecados reconocidos por otros debían ser combatidos también en mi propio corazón.

A pesar de todo eso, a pesar de la inmensa pérdida que sufrimos con la muerte de Eberhard, nos sentimos más determinados que nunca a continuar creciendo. En el Bruderhof del Rhön (y en todas partes de Alemania) las cosas se ponían cada vez más difíciles. Los problemas también surgieron en el Bruderhof del Alm, aunque allí la mayoría de nuestros vecinos era amigable. Luego, Liechstenstein anunció que ya no podía dar asilo a extranjeros si otros países —Alemania, por ejemplo— los convocaban al servicio militar. Además de eso, los pasaportes alemanes de varios hermanos y hermanas (incluyendo a Hardy y a Heinrich) estaban a punto de expirar y debían ser renovados.

Afortunadamente, fue justo en esa época —primavera de 1936— que llegó una solución para muchos de esos problemas: se encontró en Inglaterra una tierra adecuada para establecer una comunidad. La propiedad fue llamada el Bruderhof del Cotswold, y al llegar junio ya se habían mudado allí varias familias del Bruderhof del Alm.

Heinrich y Annemarie, que se habían casado en marzo, se mudaron a Inglaterra después de su luna de miel, y un tiempo después Hardy, Edith y su hijo pequeño los siguieron.

Viajar implicaba peligros y demoras inesperadas. Por ejemplo, cuando Hardy fue al consulado de Alemania en Zúrich a buscar su pasaporte y se negó a devolver el saludo «Heil Hitler», el funcionario a cargo, que ya le había entregado sus papeles, insistió en retirárselos. Edna Percival (apellido de casada, Jory), una inglesa que se había convertido en miembro hacía poco, intentó obtenerlos por él, pero no lo logró. Le dijeron que el titular de los documentos debía recibirlos en persona. Afortunadamente, al final todo salió bien: los miembros del Bruderhof en Inglaterra se pusieron en contacto con el Ministerio del Interior británico y solicitaron que Hardy y su familia fueran autorizados a ingresar al país sin sus documentos. La solicitud fue aprobada.

Otros fueron menos afortunados. Werner Friedemann, un miembro alemán que estaba intentando recaudar dinero para el Bruderhof del Alm mediante la venta de libros en Suiza, fue detenido sin un permiso policial, arrestado y encarcelado. Después de varios días Werner fue liberado, pero no pudo regresar a Liechtenstein: durante su ausencia, su grupo etario había sido convocado.

Inglaterra era el único destino seguro, así que con un gran esfuerzo se juntó el dinero para el billete de avión. Lo llevamos al aeropuerto de Zúrich, lo subimos al avión y nos despedimos. Al otro día, para nuestro horror, se nos informó por teléfono de que le habían denegado la entrada a Inglaterra y que regresaba a Zúrich. ¿Qué debíamos hacer? Incluso fuera de Alemania estábamos siendo seguidos con atención, y en esa época era frecuente que aquellos ciudadanos disidentes que hubieran huido del país fueran obligados a regresar a través de la frontera, detenidos y trasladados a campos de concentración. Y ya nunca más se tenía noticias de ellos. Sabíamos que debíamos ser audaces y cautelosos.

Finalmente, el problema de trasladar a nuestros jóvenes alemanes a Inglaterra fue resuelto mediante la conformación de una compañía musical itinerante con laúdes, guitarras, violines y flautas, dirigida por un miembro suizo, Hans Meier. Eludiendo Alemania, el grupo viajó sin novedades a través de Suiza con dirección oeste hacia Francia. Cruzar la frontera entre Suiza y Francia resultó ser fácil: era tarde en la noche y el joven guardia somnoliento que estaba en el puesto de aduanas apenas dio una mirada al pasaporte suizo de Hans, asintió con la cabeza ¡y autorizó a que todo el grupo pasara! Más tarde, al tomar un tren rumbo norte hacia el Canal de la Mancha, hubo un momento de preocupación cuando la policía preguntó por qué ninguno de los pasaportes de los miembros del grupo tenía el sello correspondiente a la entrada a Francia. Pero su buena suerte continuó y pronto todo el mundo estuvo a salvo en Inglaterra.

La historia acerca de cómo el Bruderhof del Cotswold fue iniciado es notable. Como mencioné antes, nuestros amigos ingleses nos habían ayudado de muchas maneras, especialmente con el dinero que nos habían dado para construir el invernadero en el Bruderhof del Alm. Ahora, en ese momento de ansiedades nuevas, se ofrecían a acoger a nuestros miembros en edad de servicio militar. Lamentablemente, el ofrecimiento no abarcaba a la comunidad, sino solo el alojamiento para individuos en varios sitios, y debimos rechazarlo.

El Bruderhof del Cotswold en Wiltshire, Inglaterra, fundado en 1936.

Nuestro corazón estaba puesto en la continua expansión de nuestra vida fraterna y por ese motivo habíamos decidido enviar a nuestros hombres jóvenes fuera de Alemania, no salvar el pellejo de tal o cual individuo.

Al final, no tuvimos más opción que buscar un lugar por nuestra cuenta. Alquilamos un auto y varios hermanos salieron en busca de una granja adecuada para alquilar. ¡No tenían dinero y el gobierno no nos había otorgado permiso para permanecer en Inglaterra como extranjeros! Pero partieron llenos de coraje y fe en que Dios les indicaría el camino. Después de considerar varias posibilidades, encontraron una granja cerca de Ashton Keynes, Wiltshire. El dueño estaba dispuesto a alquilarla, aunque solicitaba un importante adelanto de forma inmediata.

Mientras tanto, el número de hombres jóvenes que llegaban desde Alemania y Liechstenstein había crecido tan velozmente, que no había más alternativa que mudarse antes de que se hubiera pagado un solo penique. Naturalmente, el dueño de la granja se mostró muy sorprendido cuando se enteró de eso y nos dijo: «Esto no es usual en Inglaterra». Ni en otros países, creo.

El dinero para el anticipo fue reunido rápidamente, aunque no sin súplicas persistentes. Heinrich y otros hermanos fueron enviados con ese propósito, y recorrieron toda Inglaterra en busca de familiares, amigos y conocidos, cualquiera que pudiera ayudarnos. Heinrich incluso abordó a personas que jamás habían oído hablar de nosotros, y les contó nuestra historia de persecución en Alemania y nuestra huida a Inglaterra. Sorprendentemente, muchos donaron dinero. Una compañía de muebles en Bristol llegó a entregar más de doscientas libras solo sobre la base de la palabra de Heinrich, sin más prueba. (También nos ayudaron más tarde entregándonos camas, que trasladamos a América del Sur cuando la guerra nos obligó a salir de Inglaterra en 1940). Otros también donaron generosamente.

Mientras todo eso sucedía en Inglaterra, luchábamos para mantener a flote los Bruderhofs del Alm y del Rhön. La dotación de personal era escasa en ambas comunidades, el dinero era un problema permanente y la situación política pesaba sobre nosotros como el aire antes de una tormenta. Durante la primavera y el verano de 1936 especialmente, sobrevivimos a base de casi nada, y a veces me parecía que llegábamos al final del día solo de milagro.

De todos modos, nos rehusábamos a replegarnos. En todo caso, sentíamos una urgencia renovada de dar testimonio público de la vida de justicia, amor y fraternidad que nos había sido confiada, y de llamar a otros a acompañarnos en el camino. Eberhard había advertido especialmente al respecto unos meses antes de su muerte, cuando dijo: «Cuando ya no seamos capaces de estar ahí para *todas* las personas —cuando ya no podamos preocuparnos por la necesidad y el sufrimiento del mundo entero—, nuestra vida comunitaria no tendrá más derecho a existir».

A finales de junio de 1936, Hans Zumpe y yo fuimos enviados a una conferencia de paz menonita en Ámsterdam, Holanda, a la que Eberhard y yo habíamos planeado asistir. Nos sorprendió cuán pocos menonitas alemanes asistieron a la conferencia y nos impactó enterarnos de cuán rápidamente se habían visto influidos por el espíritu de la época. En efecto, de toda Alemania solo llegó un ómnibus lleno de objetores de conciencia serios, y muchos de los pasajeros eran estadounidenses. (Fue en esa conferencia cuando conocí a Orie Miller, del Comité Central Menonita. Fue un amigo fiel por el resto de su vida y nos ayudó a reinstalarnos en Paraguay cuando fuimos obligados a abandonar Inglaterra durante la Segunda Guerra Mundial).

Después de la conferencia, Hans regresó directamente a Alemania, en tanto yo viajé a Inglaterra para visitar el Bruderhof del Cotswold. (Para dar una idea de cuán estrechamente éramos espiados, es interesante mencionar que, aunque nos habíamos esforzado mucho para mantener secreta nuestra dirección en Gran Bretaña, ¡un funcionario alemán en Kassel sorprendió a Hans unas semanas después mostrándole la ubicación de nuestra comunidad en un mapa de Inglaterra!).

En comparación con la gran pobreza de los Bruderhofs del Rhön y del Alm, donde incluso las necesidades más básicas eran difíciles de satisfacer, Inglaterra me parecía un lugar bastante confortable, aunque también allí (como en todas partes) establecer una comunidad no había sido posible sin pelear por ello. ¡Pero cuánto entusiasmo había en la construcción de una nueva vida, y qué energía existía entre los hermanos y hermanas jóvenes que conformaban el círculo allí! Al final del verano, regresé una vez más a Liechtenstein, donde permanecí durante los meses siguientes.

Poco antes de Navidad hice lo que sería mi última visita al Rhön. El pequeño círculo que vivía allí estaba luchando valientemente —una isla de oposición en un mar de apoyo a Hitler—, pero la atmósfera era incómodamente pesada. Los vecinos y los funcionarios locales observaban cada ida y venida, cada movimiento, y los hermanos y hermanas que vivían allí comenzaron a sospechar más y más que se aproximaban nuevos problemas.

Emmy en Inglaterra, 1936.

El 14 de abril de 1937, recibimos una inesperada llamada telefónica en la que se nos informaba de que el Bruderhof del Rhön había sido rodeado por la policía secreta nazi, que la propiedad iba a ser confiscada y que toda la comunidad disponía de veinticuatro horas para abandonar el país (eso se extendió después a cuarenta y ocho horas, debido a una epidemia de gripe que hubo entre los niños). La razón estaba clara: nuestro modo de vida era considerado una peligrosa afrenta al poder del Estado, y éramos, por lo tanto, *unerwünscht* («indeseables») en Alemania. A lo largo de varios años habíamos calculado que algo así sucedería. Aun así, fue un gran impacto cuando finalmente, y tan de pronto, aconteció.

Sin duda, fue algo bueno que dos hermanos huteritas —David Hofer, de James Valley, Manitoba, y Michael Waldner, de Bonhomme, Dakota del Sur— estuvieran por casualidad en el Bruderhof del Rhön el día de la redada. Habían viajado desde América del Norte unos meses antes, llegado al Bruderhof del Cotswold en febrero y continuado hacia Europa tiempo después. Sin su presencia en tanto extranjeros, quién sabe qué pudo haber pasado. Puesto que no estuve presente en el momento de la disolución del Bruderhof del Rhön, me gustaría describir la situación citando el diario de David Hofer, que incluye sus impresiones de primera mano de ese día funesto.

14 de abril de 1937

Cerca de las 10:00 a.m., Michael Waldner y yo estábamos en la habitación de Eberhard Arnold escribiendo cartas, cuando Hans Meier abrió la puerta y dijo: «Hermanos, prepárense, pues acabo de regresar de la cima de la colina donde vi muchos policías en el bosque. Es posible que vengan al Bruderhof, pero no pueden hacerles nada a ustedes». Luego cerró la puerta y se fue a su oficina a poner orden. Acto seguido, me acerqué a la ventana y vi a unos hombres uniformados que corrían colina abajo. Bajé para ver qué iba a suceder.

Ya había veinticinco policías parados ante la puerta. «¿Dónde está Hans Meier?», me gritó uno. Le respondí con sencillez: «Sin duda, en la casa». «¡Dígale que salga!», fue la siguiente orden. Mientras me dirigía a la habitación de Hans Meier, él me salió al paso y con una calma y una valentía considerables se presentó a la policía. El funcionario a cargo le leyó la orden: «Por la presente, le informo de que el Bruderhof del Rhön queda en este momento disuelto por el estado y no debe existir más. De hoy en adelante será llamado "Sparhof" y, en tanto líder del Bruderhof, le exijo todos los libros y las llaves. ¡También le informo de que en un lapso de veinticuatro horas todo el mundo debe abandonar el lugar!». Luego fue directamente a la oficina con Hans Meier. Los otros policías rodearon el Bruderhof y condujeron a los hermanos y hermanas, jóvenes y viejos, al salón comedor. Allí quedaron bajo la custodia de dos policías y nadie fue autorizado a entrar ni a salir, mientras los otros registraban cada habitación y tomaban lo que deseaban. Finalmente, llegaron a nuestra habitación, donde estábamos esperando. Nos ordenaron que fuéramos con los hermanos que estaban en el salón comedor. Bajamos las escaleras con bastante calma hacia donde estaban los hermanos y hermanas, y los encontramos perplejos y desanimados. Los alentamos y les dijimos que no desesperaran.

Entonces entraron dos funcionarios. Uno llevaba una máquina de escribir; el otro, un atado de papeles. Tomaron asiento y llamaron a cada uno por su nombre. Y cada uno debió responder lo que le preguntaban y luego firmar un formulario cumplimentado. El formulario era solo una proclamación que implicaba registrarse para una asamblea. Lo examinamos cuidadosamente antes de firmar. Mientras tanto, a través de la ventana veíamos cómo buscaban en todas las habitaciones y se llevaban todo lo que deseaban a sus autos. Cuando vi que estaban por llegar a nuestra habitación, quise ir hasta allí. Pero me detuvieron en la puerta y me dijeron que me quedara en el salón comedor. Dije: «Quiero ir a mi habitación. Somos extranjeros y no quiero que nuestras cosas sean revisadas y requisadas». Dijo que no estaba autorizado a dejar salir a nadie. «Si desea salir, debe obtener un permiso escrito de nuestro funcionario a cargo y traérmelo». Le pregunté: «¿Dónde está?». Dijo: «Arriba, en la oficina». Subí y solicité al funcionario a cargo (que estaba ocupado con Hans Meier) permiso para ir a mi habitación, lo que me fue concedido.

Luego llamé a Michael Waldner y fuimos juntos a nuestra habitación. No pasó mucho antes de que ellos llegaran y se pusieran a revisar. Les dijimos que éramos extranjeros, de ascendencia alemana, y que no queríamos que nuestras cosas fueran revisadas. Nos preguntaron qué buscábamos allí con esas personas, de dónde éramos y qué nos había llevado hasta esa gente. Les dijimos: «Estas personas son nuestros hermanos en la fe, a quienes hemos enviado mucha ayuda desde América para apoyar este Bruderhof. Por lo tanto, nos importa lo que suceda aquí y lo que les suceda a ellos». De inmediato notamos que nuestra presencia no les agradaba y que nos entrometíamos en su camino. Les pedimos que nos dejaran quedarnos por unos días. Se negaron y dijeron que no era asunto suyo. A esa altura, todos los hermanos y hermanas habían firmado los formularios. A las 3:00 p.m. ya habían terminado, y solo entonces se les permitió comer algo. A nosotros, sin embargo, ya nos habían traído nuestra comida y habíamos comido.

Mientras tanto, los policías seguían hablando fuera del salón comedor. Salí y hablamos acerca de lo que estaba pasando. Les dije que lo que habíamos experimentado ese día era improcedente, y que no esperábamos algo así de Alemania. Que había pensado que el trato a sus ciudadanos y campesinos era mejor que lo que habíamos visto y experimentado ese día. Les dije que eran peores que los estadounidenses. Preguntaron: «¿Cómo es eso?». Les dije que nosotros, siendo alemanes, habíamos sido convocados durante la última guerra para hacer el servicio militar contra Alemania. Que nos habíamos opuesto y rehusado, tal como esos hermanos nuestros habían hecho. Le solicitamos a nuestro gobierno en Estados Unidos que nos diera la libertad de abandonar el país, pues no podíamos obedecerlo en lo concerniente al servicio militar. Pedimos que se nos permitiera vender todo lo que teníamos y no dejar nada, todo lo cual fue concedido. Durante la guerra se nos permitió emigrar a Canadá, y todo bajo la protección del gobierno para que nada nos sucediera.

Les pregunté por qué no podían tratar a esa comunidad de la misma manera. Ellos preguntaron: «¿Por qué las personas como ustedes no pueden mostrar su obediencia al gobierno como todo el mundo?». Les dije con claridad que respetábamos al gobierno, pero que no podíamos obedecerlo cuando exigía algo en contra de nuestra conciencia. Uno de ellos me preguntó: «¿Hasta qué punto?». Les dije que la Palabra de Dios me dice que debo amar a mi prójimo y no matarlo, y que por ese motivo no podía seguir ni obedecer al gobierno. Entonces otro de ellos habló: «Amigo, ¿no has leído que nuestro Salvador dijo "No he venido para traer paz, sino espada", y que también les dijo a sus discípulos que adquirieran espadas? ¿Por qué no crees en estos pasajes de las escrituras?». Le dije cómo entendía yo esos pasajes. Me dijo que mi interpretación estaba equivocada y agregó: «Si todo el mundo consistiera en ángeles, como todos ustedes, entonces no habría necesidad de guerra, pero sabes que no todos los hombres son así». «Tampoco nosotros queremos la guerra», insistían. «Solo queremos volvernos fuertes, porque todo el mundo teme al fuerte. Si somos débiles, nos pisotearán. Pero si somos fuertes, nos temerán. Por eso nos preparamos para la guerra, no porque deseemos pelear».

Los otros pensaron que los hermanos y hermanas se estaban demorando mucho en comer y preguntaron: «¿Están comiendo un buey entero, que se demoran tanto?». Luego de la comida ordenaron a toda la comunidad que se reuniera afuera. También se nos ordenó lo mismo a Michael Waldner y a mí, pues tenían que leer una proclama. Sin embargo, pronto me di cuenta de que solo querían tomar fotos, así que me alejé del grupo y le dije a

Michael Waldner: «Entra a la casa». A ellos les dije: «No tenemos que ver con eso». Entonces se leyó la orden de disolución del Bruderhof y que ya no quedaba ningún Bruderhof en Alemania. Nadie podría llevarse nada de la granja ni de lo que era propiedad de la comunidad ni de los enseres domésticos. Luego de haber leído eso, se marcharon.

Nos reunimos a orar con el corazón apesadumbrado y triste. Le contamos a Dios de nuestra necesidad y nuestra aflicción, y le pedimos sinceramente que no nos abandonara en ese momento difícil, sino que nos otorgara un entendimiento y una sabiduría auténticos, para actuar según su voluntad.

Luego de la oración, consideramos nuestra situación y qué podíamos hacer para que la comunidad permaneciera unida. Los hombres impíos querían dispersar a los hermanos y hermanas por toda Alemania, enviándolos con sus familiares. También necesitábamos desesperadamente hacer saber a las comunidades en Inglaterra y Liechtenstein lo que estaba sucediendo en el Bruderhof del Rhön.

Así que decidimos que Arno Martin, administrador del Bruderhof del Alm, quien estaba a punto de regresar allí, informara a Hans Zumpe y a la comunidad en Inglaterra tan pronto hubiera cruzado la frontera alemana. ¿Pero cómo haríamos para enviar a alguien? La policía nos había robado todo el dinero, más de 400 marcos. No había ni un penique en la casa. Les habían robado todo, incluyendo las llaves y los libros, y las habitaciones comunitarias estaban cerradas. Entonces entregamos a los hermanos y hermanas el dinero que teníamos para el viaje, y Hans Meier y yo fuimos con Arno Martin a Schlüchtern, adonde llegamos a medianoche. Allí lo vimos partir con las tristes noticias que debía llevar al Bruderhof del Cotswold y a Liechstenstein.

Hans Meier y yo regresamos a la comunidad con el corazón abatido y los encontramos a todos despiertos. Nos fuimos a la cama, pero dormimos poco.

15 de abril de 1937

Ya levantados y con buena salud, por lo que damos gracias a Dios. También hemos desayunado. Después del desayuno, Hans Meier vino a toda prisa y nos dijo que un caballero de Fulda estaba en el patio con su auto y exigía que el consejo directivo se trasladara con él a Fulda para solucionar algunos asuntos menores. Después, podrían regresar. Esa noticia fue una sorpresa triste para mí. No creía lo que el caballero de Fulda había dicho. Le dije a Michael Waldner: «¿Crees que esos hermanos estarán de regreso al mediodía, como él promete?». Michael Waldner dijo: «No lo sé. Él lo promete». Le dije: «Ya veremos cuando llegue el momento». Hans Meier, Hannes Boller y Karl Keiderling se aprontaron y se fueron.

Toda la comunidad esperó con ansiedad, pero a las doce ningún hermano apareció. Se hicieron las dos, las cuatro. . . y los hermanos aún no volvían. Entonces Michael Waldner y yo fuimos colina arriba al lugar donde deberían llegar. Vimos que un auto se aproximaba y de inmediato lo reconocimos como el auto que se había llevado a los hermanos. Un hombre se bajó del auto y caminó hacia nosotros. Pregunté: «¿Dónde están los hermanos?». «No han venido», fue la respuesta. De inmediato me ordenó que reuniera a toda la comunidad. Lo primero que hizo fue leernos la orden de abandonar el lugar en veinticuatro horas.

Los funcionarios nos entregaron cartas de los tres hermanos dirigidas a sus respectivas esposas —Margrit, Else e Irmgard— donde les decían que habían sido arrestados y alentaban a sus esposas e hijos y a todos en la comunidad, a confiar en la guía de Dios y a marcharse al día siguiente, como les había sido ordenado.

A pedido de los tres hermanos en Fulda, toda la comunidad estaba autorizada a partir junta, y el gobierno estaba dispuesto a que nos lleváramos a nuestros cinco hermanos en edad militar con nosotros. Así que todos firmaron un documento en el que decía que abandonarían el Bruderhof y viajarían rumbo a otras comunidades. Sin embargo, puesto que varios hermanos y hermanas no tenían pasaportes, y como deseábamos hablar con los hermanos arrestados con relación a sus respectivas familias, solicité al funcionario a cargo que me diera una nota escrita que me permitiera ver a los hermanos en Fulda. Aceptó y, cuando todo estuvo arreglado, se marcharon.

Nos reunimos para orar juntos y para consolarnos mutuamente con la palabra de Dios. Leí el Salmo 3 a modo de aliento, y agradecimos a Dios que hubiera cambiado y dirigido el curso de acción de manera tal que los hermanos y hermanas pudieran unirse a las otras comunidades. Oramos fervientemente a Dios para que no nos abandonara en ese gran trance y para que enviara a sus ángeles guardianes a vigilarnos y protegernos.

Después de orar, hicimos los preparativos para el viaje. Aconsejamos a los hermanos y hermanas que tomaran toda la comida que pudieran de la despensa, como provisiones para el viaje. Era su depósito de comida y debían llevarse lo que necesitaran.

A las cinco de la mañana siguiente, seis de nuestros hermanos y hermanas partieron hacia Fulda en busca de pasaportes. Fui con ellos para visitar a los hermanos que estaban en prisión. Les llevé la noticia de que, a las seis de esa tarde, toda la comunidad abandonaría Alemania, con sus esposas e hijos. Los hermanos se mostraron agradecidos de que la comunidad estuviera preocupándose por sus familias. Hice lo mejor que pude y animé a los hermanos arrestados a que tuvieran paciencia, pues nuestro Dios misericordioso no los abandonaría. Luego me despedí de los hermanos con el corazón apesadumbrado y regresé a la oficina donde estaban los otros, para obtener los pasaportes tan rápido como fuera posible y para organizar la compra de los billetes. Cuando todo estuvo arreglado, volvimos a casa.

Llegamos sanos y salvos al Bruderhof a las 4:00 p.m. y encontramos a Michael Waldner y a todos los hermanos y hermanas ocupados empacando y preparándose para el viaje. Era muy duro para los hermanos y hermanas dejar atrás el resultado del sudor de su frente y partir con las manos vacías. A las 5:00 p.m. comimos un bocado y luego nos reunimos de nuevo para orar, por última vez en el Bruderhof del Rhön. Oramos a Dios para que protegiera a su iglesia durante ese viaje que estábamos a punto de emprender. Confiábamos en su fiel promesa de no abandonarnos, sino de acompañarnos por medio de su gracia y conducirnos en paz hasta sus hijos que estaban en las otras comunidades. Dios nos ha ayudado fielmente a todos, de manera tal que hemos regresado a la iglesia con buena salud.

Había llovido todo el día, especialmente durante la tarde, y nos preocupaba que varios niños y una hermana estuvieran enfermos, pues debíamos marchar a lo largo de más de un kilómetro y medio a través de las colinas hasta donde aguardaban los camiones, y podían tomar frío durante la travesía. Sin embargo, cuando llegó la hora y todos estuvieron listos para marcharse, el sol brilló con toda su fuerza súbitamente. La lluvia había cesado y el sol brillaba sobre nosotros, lo que entendimos como una maravilla y una gracia de Dios, y le agradecimos en nuestro corazón.

Los hermanos y hermanas comenzaron a trepar la colina con los que estaban enfermos, cada uno con un atado a la espalda. Michael Waldner llevaba a un niño a la espalda. Yo cargaba un gran atado que pertenecía a la esposa de Hans Meier, que había dado a luz dos semanas antes. Todos estábamos cargados; las manos llenas y las espaldas dobladas. Con el corazón abatido trepamos la colina y nos detuvimos varias veces para mirar atrás hacia el hermoso Bruderhof del Rhön, el amado hogar que debíamos abandonar de un modo tan súbito e inesperado. Algunos fueron al camposanto para visitar la tumba de nuestro amado Eberhard Arnold por última vez.

Cuando llegamos al lugar señalado, los coches ya estaban allí. Una vez cargados, partieron rumbo a la estación. Michael Waldner, Hella Römer [la tenedora de libros del Bruderhof, con instrucciones de quedarse hasta que todo hubiera sido puesto en orden] y yo fuimos los únicos que permanecimos en el Bruderhof del Rhön. Regresamos al lugar vacío con el corazón triste y profundamente abatido. Nos fuimos temprano a la cama, pero nuestro desasosiego no nos permitió descansar demasiado. A la mañana siguiente comenzamos a ordenar las habitaciones. No puedo describir la escena que encontramos: la comida estaba aún sobre las mesas, la ropa de cama estaba apilada sobre las mismas camas. En el kindergarten los juguetes y los muebles estaban esparcidos donde los niños los habían dejado. En el lavadero la ropa yacía sin lavar, remojándose en parte en los baldes y en parte en la caldera. Era un páramo perfecto, suficiente para hacer que el corazón se partiera y los ojos lloraran. Nunca habíamos visto algo así. . .

Este es mi breve relato de cómo el Bruderhof del Rhön fue disuelto por el gobierno alemán.

Experimenté todo esto desde el Bruderhof del Alm: las llamadas telefónicas, la preocupación por la seguridad de los seres amados y, finalmente, su llegada. Primero, los hermanos y las hermanas deportados (incluyendo a Julia Lerchy, que llegó en una camilla debido a su espalda lastimada). Varios días después los siguieron los dos hermanos huteritas y Hella Römer. ¡Qué alegría nos dio tenerlos con nosotros!

Aún estábamos muy preocupados, por supuesto, por los tres hermanos que permanecían arrestados en Alemania. En aquellos días de campos de concentración y «desapariciones», lo natural era temer lo peor. Resultó que la Gestapo los retuvo durante casi diez semanas y luego, de pronto, los liberó. Puesto que la historia es tan sorprendente, quisiera incluirla aquí.

El 26 de junio, sábado, el alcaide se hizo presente sin aviso y les dijo a los tres hermanos que empacaran sus cosas inmediatamente y se dispusieran a partir. Sin saber adónde iban a trasladarlos, los hermanos se pusieron ansiosos, especialmente cuando fueron escoltados hasta el portón de la prisión y vieron un auto negro que los esperaba. Les ordenaron subir y fueron sacados del lugar a toda velocidad. Luego de una hora aproximadamente, el conductor se detuvo de pronto en medio de un bosque, les dijo que bajaran lo más rápido posible y les indicó cómo llegar a Königstein, un pueblo cercano. Allí fueron recibidos por cuáqueros que los fueron enviando de un contacto a otro hasta que, ya de noche, llegaron a la frontera holandesa.

Cruzar a Holanda a través de un bosque desconocido en medio de la noche resultó peligroso. En el primer intento los hermanos perdieron el rumbo y acabaron del lado alemán, donde un guardia los detuvo. Increíblemente, pudieron convencerlo de que unos amigos los esperaban al otro lado de la frontera, y el guardia no solo les permitió pasar, sino que les mostró el camino hacia la aldea holandesa más próxima. Desde allí viajaron a Inglaterra.

Dados los acontecimientos de los últimos dos años en el Bruderhof del Rhön —en particular, la pérdida de mi esposo, nuestro acoso por parte del Estado y, finalmente, la pérdida de todo lo que teníamos—, uno podría preguntarse cómo era posible que siguiéramos adelante. Después de todo lo que habíamos experimentado durante diecisiete años de vida en común en Alemania —después de todo aquello por lo que habíamos luchado, batallado y triunfado— ¿qué habíamos ganado?

Mirando atrás, solo puedo decir que no nos sentíamos desanimados, sino llenos de una gratitud profunda. Sí, las primeras etapas maravillosas de nuestra vida comunitaria se habían cerrado de un modo que jamás hubiéramos esperado, pero, al mismo tiempo, se nos abrían nuevos horizontes y esperábamos el futuro con entusiasmo y alegría.

Reencuentro de tres hermanos del Bruderhof con sus esposas y los demás miembros en Inglaterra, julio de 1937, después de pasar dos meses en una prisión nazi.

En el pasado, cada vez que habíamos dejado nuestros miedos y habíamos confiado en Dios, él nos había llevado paso a paso, y estábamos seguros de que también nos guiaría en el futuro. El camino que habíamos elegido siempre tendría dificultades y luchas, errores humanos y ataques de fuera y de dentro. Pero, ¿cómo íbamos a dejar que cosas así nos impidieran continuar en ese camino? Habíamos escuchado con claridad el llamamiento y no había más opción que obedecerlo.

Eberhard lo dice mucho mejor de lo que yo podría, así que quisiera cerrar este libro con sus palabras. Pertenecen a *¿Por qué vivimos en comunidad?*, un ensayo que escribió en Sannerz en 1925:

En la vida de una comunidad, las personas pueden ser confrontadas una y otra vez con varias preguntas decisivas: ¿Cómo somos llamados? ¿A qué somos llamados? ¿Seguiremos el llamamiento? Solo unos pocos son llamados a ese camino especial que es nuestro. Aun así, aquellos que son llamados —un pequeño grupo probado en batalla, que debe sacrificarse a sí mismo una y otra vez— se mantendrán firmemente por el resto de su vida comprometidos con la tarea común que Dios les mostró. Estarán dispuestos a una vida de sacrificio en aras de la vida común.

La vida comunitaria es como el martirio por el fuego: significa la disposición diaria a sacrificar todo nuestro poder y todos nuestros derechos, todas las exigencias que solemos tener en la vida y que asumimos son justificadas. En el símbolo del fuego los leños individuales se queman de manera tal que, unidos, sus llamas resplandecientes irradian calor y luz una y otra vez por todas partes.

Las personas dejan su hogar, a sus padres y su carrera en aras del matrimonio; en aras de su esposa y su hijo arriesgan su vida. Del mismo modo, es necesario desprenderse y sacrificar todo en aras de nuestro llamamiento a este camino. Nuestro testimonio público de comunidad voluntaria de bienes y trabajo, de una vida de paz y amor tendrá sentido solo cuando le pongamos todo el entusiasmo de nuestra vida y nuestro trabajo.

Por lo tanto, nuestra vida es una aventura a la que nos atrevemos una y otra vez. Sin embargo, nosotros no somos la fuerza impulsora. Somos nosotros quienes hemos sido conducidos y debemos ser animados. Los esfuerzos por organizar una comunidad de un modo humano solo pueden resultar en una caricatura fea y sosa. Solo al vaciarnos y abrirnos al Viviente —al Espíritu— él puede propiciar la misma vida entre nosotros tal como hizo entre los cristianos primitivos. El Espíritu es alegría en el Viviente, alegría en Dios como la única vida real; es alegría en todas las personas, porque ellas obtienen vida de Dios. El Espíritu nos acerca a todas las personas y nos proporciona alegría al vivir y trabajar para los otros, por cuanto él es el espíritu de la creatividad y del amor.

Epílogo

Después de la expulsión del Bruderhof de la Alemania nazi y de la emigración de sus miembros a Inglaterra, el movimiento creció a pasos agigantados. Los jóvenes británicos opositores a la guerra y los progresistas de izquierda desilusionados de la religión convencional parecían especialmente atraídos, y al llegar 1940 la comunidad ya se había más que duplicado.

Ese mismo año, sin embargo, las tensiones con los vecinos que temían la presencia de extranjeros «enemigos» en el país forzaron otra emigración, esa vez cruzando mares infestados de submarinos, hasta América del Sur. Allí, en una zona remota de Paraguay, la estancia «Primavera» fue adquirida en 1941, y los tres asentamientos establecidos allí se constituyeron en el centro de la actividad del Bruderhof durante los siguientes veinte años.

La vida en el Paraguay de los cuarenta era dura, y no solo debido al clima, las enfermedades subtropicales y las condiciones de vida primitivas. Además de eso, la comunidad atravesó una crisis interna tras otra —la mayoría de ellas como resultado de luchas de poder— y se produjo un «alejamiento gradual de Jesús» (como Emmy lo expresó) hacia un énfasis legalista, basado en principios y puesto en la comunidad como un fin en sí misma.

En la década del cincuenta, otros Bruderhofs fueron establecidos en Uruguay, Inglaterra, Alemania, Nueva York, Pensilvania y Connecticut. Emmy se mudó a Woodcrest, el primero en Estados Unidos (en Rifton, Nueva York), en 1960. Aunque tenía setenta y seis años, pareció rejuvenecer bajo el influjo de los jóvenes que estaban haciendo su búsqueda y que habían llegado en gran cantidad a las comunidades durante los años de la posguerra, y dio la bienvenida al aire fresco que traían con ellos. Mientras que en Primavera Emmy sintió que el sueño original de Eberhard de una nueva sociedad había sido opacado por intentos demasiado humanos de preservar el

Bruderhof en tanto estructura, en Woodcrest se alegró al encontrar un nuevo entusiasmo, una nueva fe espiritual y un nuevo anhelo de la guía del Espíritu.

Siempre deseosa de conocer lo que estaba en el corazón de la otra persona, Emmy adoraba hablar con los huéspedes, los adultos jóvenes y los miembros nuevos. Era una gran escuchadora, sensible a sus preguntas y luchas personales, y a menudo tenía una palabra de aliento para ellos. Al mismo tiempo, no dudaba en expresar su convicción de que el «primer amor» —el amor de Dios que había inspirado la fundación de la comunidad— debía ser mantenido vivo. «El dominio del Espíritu Santo en nuestra vida debe ser probado una y otra vez».

Aunque Emmy extrañó a su esposo durante sus cuarenta y cinco años de viudez, ese sentido de pérdida solo fortaleció su determinación de mantener viva su visión. En Primavera eso le costó unas cuantas batallas, en particular, cuando el testimonio de Eberhard fue criticado e incluso rechazado por algunos miembros que lo consideraban inviable y poco realista.

A pesar de todo, Emmy se rehusó a defenderse o a entregarse a la autocompasión. En lugar de eso, se centró en las cosas que la habían sostenido durante tantos años. Además del Nuevo Testamento (con su amado Evangelio de Juan), estaban los Salmos, muchos de los cuales se sabía de memoria, y sus obras corales favoritas: *Pasión según San Mateo* de Bach; *El Mesías* de Händel *y Elías* de Mendelssohn. Aunque los demás la malinterpretaran, estaba determinada a permanecer fiel al camino de Jesús que les había sido mostrado a ella y a Eberhard desde el comienzo de su vida juntos. «En tiempos de lucha, soy fuerte», solía decir. O: «¡Esa es nuestra vida: una pelea o una celebración!». Siempre estaba perdonando. Una vez que un daño había sido subsanado y perdonado, jamás volvía a referirse a él.

Emmy no era una matriarca santurrona. En verdad, era una madre para todos nosotros: para sus propios hijos, nietos y bisnietos, para los hombres y mujeres jóvenes que habían llegado a la comunidad en los primeros tiempos y para otros muchos que se unieron después, abandonando casa y hogar, padre y madre, familiares y amigos, en aras de Jesús. Pero no había una pizca de petulancia en ella, ninguna religiosidad interesada, ninguna conciencia de su autoridad en tanto cofundadora (ella detestaba el término) ni de su amplia experiencia. En lugar de eso, eran su humildad y su lucidez serena las que, incluso en períodos de confusión y turbulencia, hacían de ella una parte vital de la comunidad.

En lo referente a su legado a las generaciones venideras, la devoción de Emmy a la difusión de los textos de su esposo no tiene par. Además de leer notas y transcripciones de miles de charlas que Eberhard dio entre 1907 y 1935, pasó años recopilando y clasificando sus libros, ensayos, artículos y cartas, y

Emmy en el Bruderhof Woodcrest, en Rifton, Nueva York, su hogar desde 1960 hasta su muerte en 1980.

copiando aquellos fragmentos que consideraba significativos, a menudo con una bella caligrafía. Varias de esas recopilaciones se transformaron en libros: *Salt and Light* («Sal y luz»), *When the Time Was Fulfilled* («Cuando el tiempo se cumplió»), *Love and Marriage in the Spirit* («Amor y matrimonio en el espíritu») y *Love Letters* («Cartas de amor»).

Emmy estaba muy interesada en cada nueva etapa de nuestra vida comunitaria, y se sintió especialmente feliz por el resurgimiento de nuestra editorial en los sesenta. Cuando la primera copia de estas memorias (tituladas *Torches Together*) le fue entregada en una reunión festiva, se cubrió el rostro con las manos en señal de abochornada satisfacción.

Aun en sus ochenta, Emmy participaba en todos los encuentros y las comidas comunitarias hasta donde le era posible, y se unía al canto con todo el corazón. A sus noventa y pocos, sin embargo, le dijo a un visitante: «Estoy lista para dejar este mundo. Pero cada mañana, cuando me levanto, me siento feliz, porque me ha sido dado un nuevo día para amar y servir». Emmy murió en el Bruderhof de Woodcrest el 15 de enero de 1980, a los noventa y cinco años.

Por más información acerca de la comunidad descrita en este libro, visite *www.bruderhof.com.* Los visitantes son bienvenidos.

Otros libros de Plough

¿Por qué vivimos en comunidad?
Eberhard Arnold y Thomas Merton

La irrupción del reino de Dios
Escritos esenciales de Eberhard Arnold
Eberhard Arnold

La revolución de Dios
La justicia, la comunidad y el reino venidero
Eberhard Arnold

El testimonio de la iglesia primitiva
Eberhard Arnold

Discipulado
Vivir para Cristo en la vida cotidiana
Johann Heinrich Arnold

Convivencia radical
Espiritualidad para el siglo 21
John Driver